LES

SOULIERS DE STERNE

MICHEL LÉVY FRÈRES, ÉDITEURS

OUVRAGES

DE

CHARLES MONSELET

Format grand-18

LES AMOURS DE CE TEMPS-LA. . . . . 1 vol.
LES ANNÉES DE GAÎTÉ (sous presse). . . . . 1 —
L'ARGENT MAUDIT (2ᵉ édition). . . . . 1 —
LES FEMMES QUI FONT DES SCÈNES. . . . . 1 —
LA FIN DE L'ORGIE. . . . . 1 —
LA FRANC-MAÇONNERIE DES FEMMES. . . . . 1 —
FRANÇOIS SOLEIL. . . . . 1 —
M. DE CUPIDON. . . . . 1 —
M. LE DUC S'AMUSE. . . . . 1 —
LES MYSTÈRES DU BOULEVARD DES INVALIDES. . . 1 —
LES ORIGINAUX DU SIÈCLE DERNIER. . . . . 1 —
LES SOULIERS DE STERNE. . . . . 1 —

Imprimerie Eugène Heutte et Cᵉ, à Saint-Germain.

LES

SOULIERS DE STERNE

RÉCITS ET TABLEAUX DE VOYAGE

PAR

CHARLES MONSELET

FRANCE — ANGLETERRE
ITALIE — BELGIQUE — ALLEMAGNE
ESPAGNE — PORTUGAL

PARIS
MICHEL LÉVY FRÈRES, ÉDITEURS
RUE AUBER, 3, PLACE DE L'OPÉRA
LIBRAIRIE NOUVELLE
BOULEVARD DES ITALIENS, 15, AU COIN DE LA RUE DE GRAMMONT

1874

Droits de reproduction et de traduction réservés

LES
SOULIERS DE STERNÉ

I

MONTMARTRE

J'avoue en souriant que j'aime Montmartre, que je l'ai aimé de tout temps, et, puisque Montmartre va bientôt se transformer profondément, je veux consacrer à Montmartre quelques lignes de souvenir.

Comment expliquer cela ? Montmartre me fait l'effet d'un de ces pays créés en même temps que la *Bibliothèque bleue*, et les images d'Épinal. Une idée naïve s'y rattache invinciblement. Je me rappelle avec délices les plaisanteries sur l'Académie de Montmartre, sur les moulins « où les enfants d'Éole broient les dons de Cérès », selon l'expression d'un poëte classique, et surtout la fameuse inscription : *C'est ici le chemin des ânes.*

Paris me semblerait incomplet sans Montmartre. J'aime, lorsque je passe sur le boulevard des Italiens, à m'arrêter en face de la rue Laffitte et à saluer du regard l'ancienne tour du télégraphe, qui apparaît, dans une verte échappée, au-dessus de Notre-Dame de Lorette.

Et cependant, le Montmartre d'aujourd'hui est bien différent du Montmartre d'autrefois. Il a été aplani, rogné, diminué par tous ses abords. Chaque jour, des maisons montent à l'escalade et l'envahissent. Puis, il a perdu une de ses principales curiosités : les carrières, qui ont été comblées. — Elles ouvraient encore, il y a une vingtaine d'années, leurs perspectives mystérieuses ; la plupart offraient des constructions régulières ; les voûtes étaient soutenues par des piliers. On les traversait en tous sens.

Ces carrières avaient eu trois races très distinctes de locataires ; d'abord les animaux antédiluviens, dont les ossements retrouvés ont fourni de si ingénieuses hypothèses à Cuvier ; ensuite les carriers, qui y travaillaient à toute heure de jour et de nuit ; et enfin, quand les carriers furent partis, les vagabonds de toute espèce en quête d'un asile, c'est-à-dire d'une pierre pour reposer leur front.

Un autre coup porté à la physionomie pittoresque de Montmartre, ç'a été la suppression de sa fête annuelle, une des plus animées et des plus joyeuses, et, par suite, la disparition de son champ de foire, célèbre dans l'univers entier. Après la déchéance du carré Marigny, la place Saint-Pierre était devenue, en effet, le principal refuge des saltimbanques. J'y ai vu les dernières marionnettes convaincues jouer *la Pie voleuse*; j'y ai entendu le dernier saint Antoine supplier, en sautant sur ses genoux :

<blockquote>
Messieurs les démons,
Laissez-moi donc!
</blockquote>

tandis qu'un *paquet* de petits diablotins se ruait en bonds désordonnés contre sa cabane ébranlée par l'orage.

<blockquote>
Non! tu danseras!
Tu chanteras!
</blockquote>

Et c'étaient chaque soir, pendant deux ou trois semaines, sur cette place relativement étroite, un bacchanal, une foule, une démence, des cirques en toile, des dioramas dans des berlines, des tableaux de toutes dimensions représentant des géantes, des physiciens, le tremblement de terre de la Guadeloupe, le mont Blanc, des oiseaux savants, des albinos, un serpent faisant six fois le tour du corps d'un voyageur, des estrades garnies d'athlètes en brodequins fourrés et de danseuses de corde en jupons à paillettes, des parades à coups de pied, de grosses têtes en carton s'agitant sur des tréteaux, un ouragan de pistons et de clarinettes, des hurlements dans des porte-voix, des réveils de ménagerie et des illuminations soudaines !

Maintenant, sur cette place, c'est le silence et c'est la solitude. Une statue informe de saint Pierre se dresse au milieu de ces ruines sablonneuses.

On a fait à la butte elle-même une ceinture de planches qui en interdit l'ascension. Plus de promenades à la butte! Comprenez-vous cela, ô Parisiens de la banlieue?... C'était aussi une des gaietés de Montmartre, ces parties sur ce coteau escarpé, ces glissades, ces défis, ces envolées de robes claires, ces chutes suivies d'éclats de rires. Il y avait tel dimanche où rien n'était plus charmant à voir que cette fourmilière humaine. Des familles entières étaient assises, laissant pendre leurs jambes au bord des talus ; des bourgeois, armés de longues-vues, interrogeaient l'horizon, un horizon sans pareil, une vapeur d'or baignant des milliards de toits, de grands nuages empourprés du côté de l'arc de triomphe de l'Étoile !

Qu'on ne s'y trompe pas : la butte Saint-Pierre est, avec la rampe du Trocadéro, un des plus beaux points de vue du monde.

Tel qu'il est encore, Montmartre mérite une étude, une aquarelle si vous voulez, car Montmartre se compose de tons très-différents. Ses aspects sont plus variés qu'on ne croirait. Il est impossible d'en saisir l'ensemble, même du faîte de la tour Solférino.

Et puis, en fin de compte, il reste quelque chose du vieux Montmartre ; il reste un village singulier, perché à une hauteur respectable, avec des rues étroites et tortueuses, des masures toutes noires, des cours qui exhalent des odeurs de laiterie, de vacherie, de crèmerie. Les habitants vous regardent passer avec étonnement par la porte à claire-voie de leurs boutiques.

On arrive à ce hameau escarpé par des escaliers assez nombreux, et dont quelques-uns sont d'un effet pittoresque, entre autres celui qui s'appelle passage du Calvaire. On y arrive aussi par une succession de rues tournantes, accessibles aux voitures. Pourtant je ne réponds pas que vous déterminiez une expression de satisfaction bien vive sur le visage d'un cocher, lorsque vous lui jetez négligemment cette indication :

« A Montmartre ! place de l'Église ! »

Elle n'a rien de remarquable, cette église ; on va voir, dans le jardin du presbytère, son Calvaire, qui est aussi célèbre que l'était celui du mont Valérien. Tout alentour, dans la rue des Rosiers, dans la rue de la Bonne, dans la rue Saint-Vincent, dans la rue des Réservoirs, le long de l'ancien cimetière, se cachent des maisons de campagne ravissantes et ignorées, remplies d'arbres de toute espèce et de tout pays ; des retraites silencieuses, touffues, enceintes de vieilles murailles brodées de fleurs. Le plateau compris entre l'église et les moulins est certainement le point le plus agréable de Montmartre; le versant qui regarde la plaine Saint-Ouen, ourlé par la rue Marcadet, est tout à fait coquet et riant. Il y a là des ravins, des sentiers, des champs *sérieux*, des damiers de culture, des cabanes de bonne mine. L'œil embrasse une ligne onduleuse de coteaux bleuâtres, au bas desquels apparaît, entre vingt tuyaux d'usines, la basilique de Saint-Denis, veuve de son clocher.

Le côté vilain de Montmartre, le côté pelé, déchiré, tourmenté, est celui qui commence au Moulin de la Galette, un des derniers moulins dont la hauteur était jadis couronnée. Deux autres ne sont plus que des squelettes de bois pourri. C'est la région des guinguettes, des bals, le dimanche, dans les arrière-boutiques de marchands de vins. La semaine, on n'y rencontre que des terrassiers, occupés auprès des charrettes remplies de gravois. Ces hangars noirs sont des fabriques de bougies, m'a-t-on assuré. J'ai découvert, près de là, un café orné de cette enseigne passablement ambitieuse : *Café des Connaisseurs*.

Ce versant s'incline sur le nouveau cimetière et est bordé par la rue des Dames, puis par la rue des Grandes-Carrières.

Tels sont les principaux aspects, assurément particuliers, de Montmartre. Ils ont eu leur peintre spécial dans Michel, un artiste peu connu, pauvre, bizarre, qui avait trouvé là sa Campagne romaine. Les études de Michel n'étaient guère recherchées ni guère payées, il y a trente ans, dans les ventes publiques, où elles se produisaient en assez grand nombre. Il est vrai qu'elles n'offraient rien de bien séduisant : c'étaient des toiles d'une dimension importante, représentant des carrés de sol, la plupart sans accident, des amas de broussailles avec le ciel à ras de terre, un ciel brouillé, profond, triste. Mais tout cela était largement peint, d'un ton juste. Aujourd'hui, les tableaux de Michel sont mieux appréciés ; on les paye, sinon un prix élevé, du moins un prix honorable. Ce sont surtout les artistes qui les achètent.

Dans les nouvelles dénominations de rues, j'aurais souhaité de voir la rue Michel, à Montmartre.

Les deux plus récents historiens de Montmartre sont Gérard de Nerval et M. Léon de Trétaigne.

*
* *

Le premier, dans sa *Bohème galante*, au chapitre intitulé : « Promenades et Souvenirs, » a écrit six de ses pages les plus exquises. Il raconte comment il faillit acheter autrefois, au prix de 3,000 francs, la dernière vigne de Montmartre.

« Ce qui me séduisait, dit-il, dans ce petit espace abrité par les grands arbres du Château des Brouillards, c'était d'abord ce reste de vignoble lié au souvenir de saint Denis. C'était ensuite le voisinage de l'abreuvoir, qui, le soir, s'anime du spectacle de chevaux et de chiens que l'on y baigne, — et d'une fontaine construite dans le goût antique, où les laveuses causent et chantent, comme dans un des premiers chapitres de *Werther*. Avec un bas-relief consacré à Diane, et peut-être deux figures de naïades sculptées en demi-bosse, on obtiendrait, à l'ombre des vieux tilleuls qui se penchent sur le monument, un admirable lieu de retraite, silencieux à ses heures... »

« Il ne faut plus y penser ! — s'écrie Gérard avec ce doux sourire que je revois toujours ; — je ne serai jamais propriétaire ! » Et ses visions d'antiquité lui reviennent de plus belle. Il aurait fait faire dans cette vigne une construction si légère ! « Une petite villa dans le goût de Pompéi, avec un impluvium et une cella, quelque chose comme la Maison du poëte tragique. Le pauvre Laviron, mort depuis, m'en avait dessiné le plan. »

C'est ainsi qu'en peu de lignes ce délicat esprit a su dégager toute la poésie agreste de Montmartre.

Le second historien, dans le sens grave et imposant du mot, est, comme je l'ai dit, M. Léon de Trétaigne. Ses études sur Montmartre et Clignançourt, constituant un volume in-octavo, ont paru en 1862. Elles résument tous les travaux précédents et embrassent une période considérable de siècles. C'est le volume qu'il faut ouvrir si l'on veut connaître les révolutions de cette éminence de terrain depuis le supplice de saint Denis, date à laquelle elle entre violemment dans l'histoire.

Que d'événements importants se sont passés à Montmartre ! Que d'hommes fameux y ont paru, pour prier ou pour combattre !

L'empereur de Germanie, Othon II, y a fait chanter un formidable *Alleluia* qui s'entendit jusqu'à Notre-Dame épouvantée.

Le pape Eugène III y a officié solennellement, saint Bernard lui servant de diacre.

Charles VI, au lendemain du *ballet des Sauvages*, où il faillit trouver la mort dans les flammes, s'y est rendu en pèlerinage, accompagné de toute sa cour.

Ignace de Loyola et François Xavier y ont

prononcé leurs vœux et jeté les premières bases
de la Compagnie de Jésus.

Henri IV y a établi son quartier général lors
de son troisième siége de Paris. On veut même
qu'il y ait senti battre son cœur, — qui battait
d'ailleurs assez facilement, — pour une abbesse
d'un couvent de bénédictines. Cela ne l'empêcha
pas d'installer sur la butte Montmartre deux
pièces d'artillerie, dont il dirigea le feu sur
ses bons Parisiens.

Il faut lire ce récit dans les Mémoires de
Sully : « Ayant donc choisi une nuict fort noire,
afin de faciliter son exécution et de voir tant
mieux l'escopeterie d'un si grand et général
attaquement, Sa Majesté s'en alla à l'abbaye de
Montmartre. Elle me fit apporter un siége auprès d'Elle, à sa même fenestre. L'escopeterie
commença sur la minuict et dura deux grandes
heures, avec telle continuation qu'il sembloit
que la ville et les faux-bourgs fussent tout en
feu, tant ces hommes tiroient, la plupart du
temps sans besoin, et cela néanmoins fort es-
galement. Quoy que ce soit, nous croyons que
qui pourroit faire un tableau de cette nuict-là,
où le bruit des voix et des coups d'arquebuses
se pust représenter, aussi bien que tant de

bluettes de feu, il n'y auroyt rien au monde de si admirable... ».

Admirable ! — Était-ce bien l'opinion du peuple de Paris ?

Les canons du vert galant descendus, Montmartre redevint pendant quelque temps le village fameux par ses moulins et par ses sources. Ces moulins à vent étaient encore assez nombreux au xviiie siècle : c'étaient le Moulin-Neuf, le Moulin-Vieux ; ceux de la Poule, de la Lancette, de la Grande-Tour, de la Vieille-Tour, du Palais, de la Béquille, de la Galette, des Brouillards, de la Fontaine Saint-Denis ; puis encore les moulins Radet, Butte-à-fin, Paradis.

Les sources étaient au nombre de quatre : la source Saint-Denis, la source du But, la source de la Bonne et celle de la Fontenelle. Chacune d'elles a laissé son nom à une rue correspondante.

La fontaine Saint-Denis, située sur le versant de la colline, était celle où, selon la tradition, le premier évêque de Paris, après avoir été décapité, s'était arrêté et avait lavé sa tête. L'eau de cette source en conserva la vertu de guérir les fièvres. Toujours d'après la légende, un

groupe d'anges environnaient le saint pendant
son ablution et chantaient ses louanges. Le lieu
où cela se passait fut appelé *les Bourdonnements;*
on prétendait qu'à de certaines heures des voix
célestes s'y faisaient entendre. — Depuis 1810
seulement, les eaux de cette source, détournées par les travaux d'exploitation des carrières,
ont disparu.

La fontaine de la Bonne ou de la Bonne-Eau,
au nord-est de la montagne, et la Fontenelle,
du côté de la chaussée Clignancourt, sont également desséchées.

Seule, la source du But existe encore. C'était
presque un torrent jadis, — au dire de l'abbé
Lebeuf; — ce n'est plus qu'un filet d'eau aujourd'hui.

Mais reprenons l'histoire politique de Montmartre.

A la veille de la prise de la Bastille, sa compagnie des archers concourut vaillamment au
maintien de l'ordre. C'était une compagnie organisée, ayant un uniforme, et se réunissant à
des époques déterminées, pour s'exercer au tir
à l'arc. Cette garde citoyenne rendit de tels services que l'administration municipale lui délivra un certificat ainsi conçu :

« 16 juin 1790.

» Nous, soussignés, maire, officiers municipaux et procureur syndic, certifions à tous que la *Compagnie de l'Arc*, établie depuis l'année 1748 sur le territoire de Montmartre, s'est montrée, dès le 13 juillet dernier, avec le plus grand patriotisme, et que depuis cette époque elle s'est affiliée à notre commune, où elle a fait le service avec tout le zèle et l'exactitude possibles. En conséquence, nous avons délivré à Messieurs de l'Arc le présent certificat comme un acte de notre justice et de notre reconnaissance, pour leur servir et valoir comme de raison.

» Fait à l'hôtel de la Mairie, le 16 juin 1790 (*Extrait des Archives de l'Hôtel de Ville*). »

Malgré ce précédent, Montmartre attira peu les yeux pendant la Révolution. L'Assemblée nationale eut un instant la velléité d'établir des batteries d'artillerie sur l'emplacement occupé par l'abbaye des Bénédictines. Elle enjoignit aux religieuses de partir sous un délai de trois jours. Une partie du mobilier fut vendue publiquement ; on déposa les objets d'or et d'argent à la Monnaie, le cuivre et le fer dans les magasins de l'État, le plomb à l'Arsenal.

L'expulsion de ces femmes suffisait peut-être ; la justice révolutionnaire demanda la condamnation de leur supérieure, madame de Montmorency-Laval. Agée de soixante et onze ans, à demi sourde et aveugle, elle fut jetée en prison, et traduite devant le tribunal pour avoir à répondre sur les préventions suivantes : « La femme Laval, ex-abbesse de Montmartre, a été en cette qualité une des plus cruelles ennemies du peuple, en exerçant, sous le prétexte de privilèges de la ci-devant abbaye, une foule d'exactions et de concussions envers les citoyens qu'elle avait l'audace d'appeler ses vassaux ; elle a refusé de prêter aucun serment à la nation, croyant que son nom et son état de religieuse devaient l'empêcher de reconnaître jamais la liberté et l'égalité des hommes entre eux ; enfin elle est encore prévenue d'avoir entretenu des intelligences avec les conspirateurs d'outre-Rhin. »

Je n'ai pas à justifier la pauvre dame de ces accusations. Elle subit la peine capitale sur la place de l'ex-barrière du Trône, le lendemain de l'exécution du général Beauharnais, la veille de celle d'André Chénier. — A cette époque, Montmartre avait changé son nom moitié païen, moitié chrétien, contre le nom de Mont-Marat. Il y avait comme un jeu de mots dans cette substitution de syllabes.

Ce ne fut qu'en 1814 qu'on revit les canons sur la butte Montmartre; mais, cette fois, ils y furent montés par le peuple et tournés vers l'étranger pour la défense de Paris. Au 30 mars, le Château-Rouge servit de poste d'observation ; il était occupé militairement par le roi Joseph, qui y présidait le conseil de défense de Paris. On montre encore la chambre du premier étage et la fenêtre d'où M. Allent, directeur du dépôt des fortifications et chef d'état-major de la garde nationale, surveillait les mouvements de l'armée ennemie et les signalait, minute par minute, aux officiers supérieurs groupés autour de lui.

Vint un moment où les coteaux lointains se couronnèrent d'une ligne de fusils.

Il était alors neuf heures du matin environ.

A midi, de nombreux et épais bataillons commençaient à déboucher dans la plaine Saint-Denis et dans la plaine Saint-Ouen. Le corps d'armée du général russe comte de Langeron, après s'être emparé d'Aubervilliers, se dirigea vers la butte Montmartre, qu'on avait fortifiée à la hâte.

C'était un sombre spectacle ; tous les témoins en ont gardé une ineffaçable impression. Un feu plongeant accueillit l'ennemi, qui y riposta par des obus, dont plusieurs éclatèrent jusque dans l'intérieur de Paris, où ils causèrent de vives alarmes. Ce fut à ce moment qu'un aide de comp du duc de Raguse accourut, bride abattue, au Château-Rouge ; il venait annoncer l'impossibilité de la résistance, et solliciter du frère de l'empereur l'autorisation d'entrer en pourparlers avec le prince de Schwarzenberg...

A une heure, le roi Joseph quittait le Château-Rouge.

Ajoutons que, même après le départ du roi Joseph, le combat continua vigoureusement à Clignancourt et à Montmartre. Quatre cents dragons y tinrent longtemps en échec toute l'armée de Silésie, forte de vingt mille hommes de toutes armes. Ces dragons chargèrent avec un incroyable héroïsme, et réussirent plusieurs fois à repousser les alliés.

Hélas ! je laisse ici la parole à M. Léon de Trétaigne : « Après les efforts les plus héroïques, le colonel qui dirigeait cette poignée de braves, suppléant au nombre par le courage, voyant que la plupart d'entre eux avaient trouvé la mort dans cette lutte inégale, et que les autres allaient être entourés par les masses débouchant du côté de Neuilly, ordonna de sonner la retraite et fit retirer sa faible colonne en bon ordre. Quelques instants après, les 8ᵉ et 10ᵉ corps de l'armée russe occupèrent Montmartre. Les pièces d'artillerie, tombées au pouvoir de l'ennemi, furent alors dirigées sur Paris, et les quartiers contigus à la butte étaient sur le point d'être bombardés, lorsque l'annonce de la capitulation qui venait d'être signée à Belleville fit cesser les hostilités. L'armée de Silésie bivouaqua à Montmartre pendant la nuit qui suivit le combat et en repartit le lendemain. Elle y fut remplacée par l'état-major du général Langeron, qui y demeura pendant quelques jours. Le reste des troupes russes campa au milieu de la plaine Saint-Denis. »

Depuis ces événements exceptionnels, la butte Montmartre était rentrée dans l'apaisement.

Mais avec la guerre de 1870 et la Commune de 1871, son rôle révolutionnaire a recommencé. Il a fallu compter de nouveau avec Montmartre. C'est une autre histoire à écrire, et pour laquelle je ne suis pas préparé.

Plus tard, je ne dis pas...

II

PARIS

I

L'aurore.

L'aurore ! Ah oui ! une jolie chose, à Paris !

C'est d'abord la lutte muette et sinistre du noir et du bleu, entre deux hautes rangées de maisons. J'habite un faubourg. La vapeur ténébreuse saisit mes mains lorsque je pousse mes persiennes, qui cèdent en se plaignant ; il me semble que je me réveille dans un grand puits. J'ai le frisson.

L'aurore ! Ah oui ! une jolie chose, à Paris !

Cependant les masses commencent peu à peu à prendre du relief. Le coin de rue s'accuse. Je distingue les enseignes; je lis : *Café de l'Union* en lettres jaunes; plus loin : *Emy et C*^{e}, *fournitures pour tailleurs*. — Du reste, aucun bruit, pas un murmure. Je suis bien seul. La première boutique qui s'ouvre est celle du marchand de vin; un garçon transi essuie le comptoir de plomb. — Presque aussitôt j'entends tomber lourdement les volets du boulanger. La vie va commencer : le pain et le vin sont en présence.

L'aurore! Ah oui! une jolie chose, à Paris!

En attendant, voici l'armée des balayeuses; leurs grands balais traînent avec un son monotone sur les pavés qu'ils essuient; on dirait les ailes d'une chauve-souris battant un mur. Les balayeuses ne voient rien, n'entendent rien; elles sont tout à leur tâche; elles se parlent à peine. — Un inspecteur passe, s'arrête, les regarde, et continue sa route. Les balais vont toujours.

L'aurore! Ah oui! une jolie chose, à Paris!

Il ne fait pas encore tout à fait clair là-haut; il fait pâle. — Aux maisons d'en face quelques rideaux ont été écartés; je vois soulever les vitrages des chambres à *tabatières* où couchent les cuisinières. En bas, les chiens errants reprennent leur course à travers les ruisseaux. La première charrette se montre.

L'aurore ! Ah oui ! une jolie chose, à Paris !

Les ouvriers se rendent au travail, tenant sous le bras, comme une conquête, un morceau de pain enveloppé dans un mouchoir de couleur. Ils marchent hâtivement, isolés. Des laitières s'installent à leurs places accoutumées, sous les portes cochères. L'air fraîchit, les cheminées fument.

L'aurore ! Ah oui ! une jolie chose, à Paris !

Un *pochard* rentre chez lui. Il a les yeux rougis ; son chapeau a dû se heurter contre un plafond trop bas ; — aux coudes de sa redingote sont des taches blanchâtres : il s'est frotté sans doute aux parois d'un escalier. Ce pochard a l'air bon d'ailleurs, il respire bruyamment et fait des haltes pendant lesquelles il parle tout haut et lève les yeux au ciel. Il n'est pas encore malade, mais il le sera dans une heure ; — que la morale se rassure !

L'aurore ! Ah oui ! une jolie chose, à Paris !

C'est fini, voici la lumière, voici l'aurore !
Elle va teindre de nuances diamantées les murs,
les vitres sales, les trottoirs, les balcons, les enseignes, les tuyaux de plomb, les boutiques, les
passants. Il va resplendir, mon faubourg !

L'aurore ! Ah oui ! une jolie chose, à Paris !

II

La vieille marchande.

Le médecin philosophe La Mettrie a fait un
pamphlet intitulé *l'Homme-machine*, qui eut jadis
un grand retentissement. C'est vrai, il y a des
hommes-machines, mais pas dans le sens de
l'athée La Mettrie. Ce sont de nobles machines,
exercées au travail et au devoir. Machines, ces
humbles employés que leurs pieds conduisent,
depuis trente ans, à la même heure, au même
ministère ! Machines, ces ouvriers courageux qui
se réveillent avant le jour, s'habillent à la chandelle et se rendent à l'atelier, les yeux saignants,
les mains bleuies !

J'ai connu une de ces machines, la plus singulière et la non moins touchante de toutes. C'était une femme du peuple, une vieille femme. Tous les matins, régulièrement, à la première heure, elle venait s'asseoir à l'angle d'une rue du Marais, avec une petite table devant elle, sur laquelle il y avait une douzaine de sucres d'orge, quatre ou cinq oranges et autant de morceaux de pain d'épice. Une fois assise, la vieille femme attendait les chalands.

On a parlé des bohémiennes de l'Espagne, des pauvresses extatiques de l'Orient ; la marchande du Marais aurait pu leur donner la main. On retrouverait son portrait dans quelques dessins de Decamps. Elle était vêtue, c'est-à-dire couverte, de brun et de noir ; hardes amoncelées en paquet et condamnées à une humidité perpétuelle. Aucuns cheveux ne ressortaient sous ses coiffes ténébreuses. Des rides sur sa figure, et encore des rides. Plus de lumière dans son œil, plus d'expression dans sa bouche. Elle avait soixante-dix ans, et elle en paraissait quatre-vingts.

La vieille femme demeurait là toute la journée, hiver comme été, muette, immobile, ne faisant de gestes que ceux qu'il fallait pour ranger symétriquement sa rare marchandise ; guettant, sans le solliciter, le passage d'un enfant ou le caprice d'une bonne. Mais les enfants, comme les bonnes, vont aux brillants étalages et aux visages souriants. Les gâteaux poudreux de la vieille n'étaient faits tout au plus que pour exciter la convoitise des petits *voyous* en haillons. Il n'y avait que les gens du quartier, habitués à la voir depuis un nombre infini d'années, qui lui achetaient de temps en temps, par charité ou par superstition.

Quand arrivait la nuit, la marchande tirait de sa poche un morceau de chandelle, qu'elle allumait et qu'elle entourait d'un papier huilé. A ce moment seulement elle se mettait parfois en frais de voix, et elle jetait à travers le vent et la pluie ces paroles tremblotantes :

« Demandez de bons sucres d'orge... de bons pains d'épice... la valence ! »

J'étais habitué à entendre cette pauvre voix en revenant des théâtres ; car la vieille marchande restait à son poste jusqu'à minuit, la tête courbée, les mains sous son tablier. Ce tableau qui m'affligeait finit par me révolter. Il devait y avoir là une énigme douloureuse. Il fallait que cette créature fût absolument abandonnée du ciel et des hommes ; il fallait qu'elle n'eût ni parents, ni amis, ni voisins; qu'elle fût seule sur la terre enfin !

C'était ce qui me trompait.

Informations recueillies, j'appris qu'elle tenait à une famille d'artisans, dont elle était l'aïeule. Dans cette famille assez nombreuse, tout le monde travaillait, depuis le père jusqu'aux enfants, et même les petits-enfants; tout le monde partait le matin, celui-ci pour l'usine, celui-là pour le chantier ou pour le magasin. La maison restait déserte; on ne s'y retrouvait qu'à l'heure de la couchée, pour se sourire et se dire : « Courage! » C'était pour obéir à cette loi du travail que l'aïeule quittait, elle aussi, chaque matin son grabat, et se dirigeait vers son poste accoutumé. Ombre de marchande exerçant une ombre de commerce! Ayant toujours travaillé, elle voulait travailler toujours, l'attendrissante et sublime machine ! Vainement avait-on essayé plusieurs fois de la retenir au logis; vainement avait-on insisté pour l'engager à goûter le repos auquel elle avait tant de droits; on avait toujours trouvé une tête inflexible. Son bénéfice était dérisoire ; ses recettes quotidiennes s'élevaient à cinq ou six sous peut-être. N'importe ! le principe était consacré : elle faisait son devoir; elle gagnait son pain, comme les autres.

Il n'y a pas longtemps, cet hiver, que, passant par le Marais, je n'ai plus vu la marchande de sucres d'orge.

J'ai compris.

III

Ceux qui ne veulent pas rentrer chez eux.

— Voyons, messieurs, allez-vous-en... il est une heure sonnée... Vous allez me faire trouver en contravention, comme l'autre soir !

Telles sont les paroles que prononcent quotidiennement tous les maîtres des principaux cafés du boulevard, à une heure après minuit.

Les habitués ne s'inquiètent ordinairement guère de cette première sommation.

— Cinq-quatre ! s'écrie un joueur de dominos.

— Quatre partout ! réplique un second.

— François, un bock !

On les croirait chez eux.

Pendant ce temps les garçons vont et viennent et mettent les volets à la devanture, avec un grand bruit de barres de fer et de boulons.

— Messieurs, recommence le cafetier avec un accent déchirant, je vous en prie... la police est à la porte. Georges! Eugène! enlevez tous ces plateaux!

Et lui-même monte sur un tabouret pour éteindre le gaz.

Joueurs et consommateurs font entendre un cri de rage. Les plus acharnés sollicitent une bougie, — qu'on leur refuse.

Enfin les volets sont mis. Il ne reste qu'une petite ouverture, par laquelle les habitués s'en vont à regret, un à un, en se baissant — et poussés par le cafetier.

Cette scène-là, je le répète, se renouvelle régulièrement tous les soirs, avec les mêmes individus pour acteurs.

Ce sont, pour la plupart, des gens qui se rattachent à l'art par quelque côté, mais que mène plus encore l'indéfinissable attrait de la vie irrégulière.

Les voilà sur le trottoir du boulevard, abandonnés à eux-mêmes. Vous croyez peut-être qu'ils vont se séparer sur une poignée de main et rentrer chez eux. Ah! bien oui! L'idée leur en traverse un instant le cerveau. Mais quoi! rentrer chez eux, quand ils étaient si bien à l'entretien commencé ; quand leurs coudes étaient si bien façonnés à la table égayante ; quand leurs têtes sont précisément montées au diapason qu'il faut pour l'expansion et la faconde! Rentrer, s'enfoncer dans la grande rue lointaine, déserte, silencieuse, qui conduit au repos, au devoir, à toutes les choses sévères! Rentrer est bien dur, rentrer est impossible.

Ils ne rentreront pas.

Mais où iront-ils?

Placés dans des conditions riantes de fortune, ils auraient le club pour satisfaire leur amour de la veillée. Mais, à demi pauvres qu'ils sont, il ne leur reste qu'à parcourir les cercles inférieurs (sans calembour) du Paris nocturne, — un enfer médiocre, quoi qu'on en ait écrit.

L'un d'eux propose alors un bouchon mystérieux, où la tolérance est poussée jusqu'à deux heures. Cette proposition est acceptée avec reconnaissance. La bière coule de nouveau : toujours la bière! Mais, hélas! deux heures arrivent bientôt, — et la scène du café recommence au bouchon.

Pour la seconde fois ils se retrouvent sur le pavé, moins disposés que jamais à aller se coucher.

Et ils se rappellent avec amertume le temps où les cabarets de la halle restaient ouverts toute la nuit; où Baratte et Bordier ne connaissaient pas d'entr'actes; où les liqueurs coulaient sans interruption sur le comptoir de Chandelier; où la petite porte étroite de Paul Niquet était comme un arc de triomphe où s'engouffraient continuellement d'éclatants ivrognes !

Ce temps n'est plus, ô regrets! La Halle s'est faite pudique et ensommeillée. C'est seulement à partir de quatre heures du matin qu'elle daigne compatir aux supplications des altérés et des amateurs d'huîtres.

Telles sont les mélancoliques réflexions qui assaillent *ceux qui ne veulent pas rentrer chez eux.*

Il est rare cependant qu'à ce moment suprême il ne se détermine pas soudain, dans leur nombre, un amphitryon qui, décidé à tout, excepté au sommeil, les emmène ordinairement souper dans la salle commune du restaurant Peters ou restaurant du Helder, ces paradis des noctambules.

Là, grâce aux propos joyeux qui se répandent d'une table à l'autre, les heures s'écoulent. Ils boivent et ils causent, ils fument et ils causent, ils causent sans cesse.

Et lorsqu'ils voient paraître le jour, ils sont triomphants !

III

NANTES

Chaque ville a ses personnages que l'on montre au doigt, ses types, ses excentriques; — gaieté de la rue, joie des enfants, ébahissement des voyageurs.

C'est ainsi que Nantes a les demoiselles Amadou.

Aimez-vous la ville de Nantes? — On l'a surnommée la *Venise de l'Armorique*, à cause de sa situation exceptionnelle sur vingt-cinq ponts. Les bras de la Loire enserrent plusieurs îlots, parmi lesquels un d'eux, nommé la *Petite Hollande*, rappelle vaguement l'île Saint-Louis de Paris.

En dépit des *embellissements* auxquels elle n'a pas échappé, malgré les arbres de la Fosse abattus (ces vieux ormes que Stendhal admirait en 1838), il reste encore à la ville de Nantes un certain caractère, un certain pittoresque, particulièrement dans ses vieux quartiers et dans quelques-uns de ses interminables faubourgs.

Là, mais là seulement, on trouve la vraie province, — non pas celle qui se bâtit des maisons *Renaissance* avec des têtes d'Abélard sculptées au-dessus des portes, qui s'extasie devant les dorures d'un café ou *l'importance* d'un magasin d'habillements confectionnés, — mais la province qui demeure dans les vieilles maisons, la province bretonne qui a conservé sa coiffe (lisez *beurgo*), sa taille dans le dos, son parler traînard et ses mœurs dévotes.

Cette province, vous la trouverez à Nantes dans la rue de l'Arche-Sèche ou dans la rue Saint-Similien; — autour de l'ancien Pilori, où le bois, le fer et la pierre sont taillés, contournés et enfumés de manière à réjouir les artistes de l'école du *margouillis;* — autour de l'église Saint-Nicolas; — dans la rue Saint-Léonard, où joua Molière; — dans le quartier Saint-André, plein de couvents de Cordeliers, de Carmes, de Chartreux, d'Ursulines; — vous le trouverez dans le Marchix.

Le Marchix est la Cité de Nantes ; le séjour des portefaix, des maréchaux ferrants, des cabaretiers ; il comprend la place Bretagne, la place Viarmes, teinte du sang des exécutions capitales ; il domine la halle aux légumes, et descend par des pentes rapides sur le quai des Tanneurs, au bord de la jolie rivière d'Erdre, — seule rime à *perdre*, font remarquer les historiens indigènes.

J'aime Nantes pour les mœurs encore naïves de sa bourgeoisie, — pour ses belles processions de la Fête-Dieu, — pour ses environs aussi, peuplés de propriétés fleuries qu'on appelle des *tenues*.

Dans une de ces *tenues*, située sur la route de Paris, le propriétaire avait érigé un petit obélisque en souvenir d'une halte que Napoléon Ier, passant en voiture, s'était vu forcé d'y faire. — O muse de Clairville ! dispense-moi de m'expliquer davantage.

Au bas de cet obélisque, le vaniteux propriétaire avait fait graver cette inscription :

Ici s'est arrêté celui que rien n'arrête !

De ce qu'ils ne parlent pas breton, les Nantais sont, sinon répudiés, du moins tenus à l'écart

par les habitants du Morbihan et du Finistère ;
— on les qualifie volontiers du sobriquet injuste
de *sots bretons*.

A défaut d'une langue spéciale ou même d'un
patois, les Nantais se sont fabriqué un vocabulaire des plus singuliers, composé d'expressions
surprenantes, de métaphores intimes, de mots
sans étymologie, et cela en si grand nombre
qu'il s'en est trouvé assez pour remplir un volume intitulé : *Recueil des locutions vicieuses de
Nantes*, par M. Chefdehoux.

Mais me voilà bien loin des demoiselles Amadou.

Ce sont deux chanteuses des rues, deux sœurs,
de la quatrième ou cinquième jeunesse, habillées de toutes sortes de choses, de fragments de
châles, de rubans fripés, tantôt coiffées de chapeaux à lucarne du temps de Louis-Philippe,
tantôt la figure modestement entourée d'un
mouchoir à la fanchon.

Les demoiselles Amadou s'accompagnent de la
guitare pour chanter, ou plutôt pour chevroter
des romances de l'autre monde, des airs ramassés dans le fleuve du Tage, des lambeaux de
Loïsa Puget.

Du reste, elles ne paraissent avoir aucun

souci de ce qu'elles chantent, — et, en vérité, il serait difficile de dire de quoi elles ont souci; leurs regards flottent dans le vague, et les passants leur sont parfaitement indifférents.

Elles ne tendent pas la main; on leur donne ou on ne leur donne pas, cela semble leur être égal.

Depuis longtemps on a renoncé à se moquer d'elles; on se contente de sourire en les apercevant. Elles font partie de la vieille ville, elles complètent la physionomie de ce qui reste du vieux Nantes.

Si vous demandez d'où vient ce surnom des demoiselles *Amadou*, on vous répondra qu'autrefois, à la porte des cafés, elles vendaient des allumettes et des boîtes d'amadou soufré, à l'usage des fumeurs. — On ajoutera qu'elles appartiennent à une honorable famille, et que cette famille a fait tout ce qui dépendait d'elle pour les empêcher de se *produire en public*.

A quel motif secret, à quelle voix mystérieuse les deux sœurs ont-elles obéi lorsqu'elles se sont décidées à descendre dans la rue, guitare en main? C'est ce que peu de personnes, probablement, seraient en état de révéler.

Il doit y avoir là un petit drame digne de

tenter Champfleury, l'historien des souffrances provinciales.

Aux vacances dernières, passant par Nantes, je n'ai rencontré qu'une demoiselle Amadou. L'autre était malade, m'a-t-on dit. Jusqu'alors, je ne les avais pas comprises l'une sans l'autre.

D'ailleurs, celle qui restait avait toujours le même regard flottant, la même inconscience musicale, la même indifférence de son auditoire.

Je retournerai à Nantes au mois de septembre prochain, et je vous donnerai des nouvelles des demoiselles Amadou.

IV.

LE CROISIC

On m'a parfois reproché de *manquer de paysage*, et d'être, à de certains égards, une nature trop exclusivement citadine. J'avoue que, malgré moi, la civilisation me poursuit sans cesse et partout. En outre, j'ai une manière de voir aussi absolue que naïve. Pour M. Jourdain, tout ce qui n'était pas des vers était de la prose, et tout ce qui n'était pas de la prose était des vers; — pour moi, tout ce qui n'est pas la campagne est la ville, et tout ce qui n'est pas la ville est la campagne.

Ensuite, tout se ressemble à mes yeux. C'est-à-dire que, selon moi, il n'y a au monde qu'une forêt, qu'une prairie, qu'un fleuve, qu'une grande route, qu'une chaumière, qu'un buisson. Appelez cela Fontainebleau, Compiègne, les Ardennes, cela est toujours la même chose. Qui me dira si c'est la Seine ou la Saône, ce cours d'eau qui baigne tant de coquettes maisons, tant d'îles touffues? J'ai beau me déplacer, toujours le même ruban de queue se déroule devant moi, avec les mêmes buissons blancs de poussière et les mêmes moutons conduits par le même chien.

Lundi dernier, j'ai pris place dans le bateau à vapeur qui va de Nantes à Saint-Nazaire. Il y avait chez moi un parti convenu de poésie; ma bonne volonté était tellement manifeste que je n'avais pas reculé devant l'achat d'un Guide et d'une carte, adoptés l'un et l'autre par le conseil de l'Université « dans sa délibération du 19 avril 1850. » Ce simple fait constituait une modification énorme dans mes habitudes et la plus vaste concession possible à l'usage. Jusqu'alors mon plaisir avait été de voyager dans des conditions d'ignorance crasse, et de pénétrer dans les départements avec la candeur d'un homme qui fait des découvertes.

Cette fois, pendant toute la traversée, mon nez est resté fourré dans mon livre, avec une conscience vraiment britannique. Mais le moyen de n'être pas rappelé à la civilisation la plus extrême en lisant que « Donges, vis-à-vis Paimbœuf, s'honore d'avoir donné naissance à Évariste Boulay-Paty, le poëte lyrique couronné avec tant d'éclat par l'Académie française ! »

On met trois heures environ pour aller de Nantes à la mer. L'embouchure de la Loire ressemble à toutes les embouchures des fleuves. L'horizon est immense, l'air est vif. — Sur le pyroscaphe qui me transportait, je me suis refusé avec une énergie farouche à lier conversation avec les passagers. Je voyage trop peu pour consentir à associer mes sensations. Et puis il existe maintenant une classe d'individus qui ont un langage de voyage, comme ils ont un sac de nuit. A peine ont-ils dépassé l'octroi, qu'ils s'empressent de tirer de leur gosier quatre ou cinq mots d'*artiste* qu'ils étalent à tout propos sur leurs discours, comme on étale du beurre sur du pain. Ce sont ceux qui, se plantant à côté de vous et regardant ce que vous regardez, disent niaisement : « Ce pays a *du caractère.* »

Ou bien encore : « N'est-ce pas, monsieur, que le costume de ces environs a *son cachet ?* »

Il s'en est trouvé un pour me dire : « Comme c'est *local !* »

Et ils sourient, en attendant une approbation

que, pour ma part, je leur refuse implacablement.

Saint-Nazaire m'a vu débarquer par le temps le plus calme du monde. Après avoir fait trois fois le tour de cette bourgade, dans laquelle les prophètes du commerce aperçoivent déjà le port le plus important de France, je me suis enquis d'un carrosse public pour Guérande. On m'a installé, moi huitième, dans une petite diligence, regorgeant de séminaristes et de matelots. Les séminaristes causaient à demi-voix de Monseigneur et de la tournée pastorale qui allait prochainement avoir lieu ; les matelots mangeaient; ils fouillaient avec leurs *eustaches* dans de considérables morceaux de pain, au milieu desquels étaient introduits d'épais morceaux de lard. Une demi-heure ne s'était pas écoulée que notre diligence odorante semblait une boutique de charcuterie qui marche.

Ce fut alors que je jugeai opportun de jouer à mon bénéfice le drame du store.

Les premières protestations de mes voisins se traduisirent par d'involontaires contractions d'épaules, car le voisinage de la mer donnait une certaine âpreté au vent. Ces excellents Bretons (y compris les séminaristes) ne concevaient rien aux révoltes du plus impressionnable de mes sens, l'odorat. Je tins bon cependant, et deux heures après j'entrai victorieusement dans Guérande, par une de ses quatre portes noirâtres.

Je serais mal venu à tenter une description de Guérande après les trente ou quarante pages superbes que Balzac y a consacrées au début de son roman : *Béatrix ou les Amours forcées*. On ne s'approprie pas une contrée, un peuple, une architecture, avec plus de puissance et de couleur. Le livre en main, j'ai parcouru ces remparts, qui étaient la promenade favorite du chevalier du Halga, et d'où la vue domine l'Océan; j'ai retrouvé avec Calixte la route qui conduisait chez mademoiselle des Touches. Étrange roman, où la fantaisie impérieuse de l'auteur a transporté le *parisianisme* le plus subtil dans un pays nu et pauvre; où les plus hautes questions de passion et d'art se débattent au milieu des sables où passent, imposantes et railleuses, ces trois figures de Camille Maupin, de Conti et de Claude Vignon, dans lesquelles d'indiscrets commentateurs veulent retrouver quelques-uns des traits de George Sand, de Liszt et de Gustave Planche.

Ce dernier est celui des trois dont la ressemblanco est la plus déterminée. Je demande à rappeler les lignes principales de ce portrait, un chef-d'œuvre : « Le front immense, haut et large de ce jeune homme, chauve à trente-sept ans, semblait obscurci de nuages. Sa bouche ferme et judicieuse exprimait une froide ironie. Claude Vignon est imposant, malgré les dégradations précoces d'un visage autrefois magnifique et devenu livide. Entre dix-huit et vingt-cinq ans, il a ressemblé presque au divin Raphaël ; mais son nez, ce trait de la face humaine qui change le plus, s'est taillé en pointe ; mais sa physionomie s'est tassée pour ainsi dire sous de mystérieuses dépressions ; les contours ont acquis une plénitude d'une mauvaise couleur ; les tons de plomb dominent dans le teint fatigué, sans qu'on connaisse les fatigues de ce jeune homme, vieilli peut-être par une amère solitude et par les abus de la compréhension. Il scrute la pensée d'autrui sans but ni système. Le pic de sa critique démolit toujours et ne construit rien. Ainsi sa lassitude est celle du manœuvre et non celle de l'architecte. Les yeux d'un bleu pâle, brillants jadis, ont été voilés par des peines inconnues ou ternis par une tristesse morne... Les tempes ont perdu de leur fraîcheur. Le menton, d'une incomparable distinction, s'est doublé sans noblesse. Sa voix, déjà peu sonore, a faibli ; sans être éteinte ni enrouée, elle est entre l'enrouement et l'extinction. L'impassibilité de cette belle tête, la fixité de ce regard, couvrent une résolution, une faiblesse, qui trahit un sourire spirituel et moqueur. Il est un détail qui peut expliquer les bizarreries du caractère. L'homme est d'une haute taille, légèrement voûté déjà, comme tous ceux qui portent un monde d'idées... Claude Vignon se contemple dans l'étendue de son royaume intellectuel, et abandonne sa forme avec une insouciance diogénique... C'est le Turc de l'intelligence, endormi par la méditation. La critique est son opium, et son harem de livres faits l'a dégoûté de toute œuvre à faire. »

Portrait ou type entrevu, voilà à coup sûr un excellent morceau de style et de pensée.

Ce n'est pas seulement à Guérande que Balzac a marqué sa trace ; le matin, j'avais passé en bateau à vapeur devant le village de la Basse-Indre, dont il est tant parlé dans *Mercadet*. La Loire-Inférieure a été deux fois heureuse au grand écrivain.

Trois petites lieues séparent Guérande de la presqu'île du Croisic, où j'ai fixé le terme de mon voyage; je les parcourus en cabriolet par une nuit claire, à travers des marais salants qui brillaient. Chemin faisant, l'idée amère que je *manquais de paysage* me revenait à l'esprit et me rendait chagrin. Se pourrait-il en effet qu'on prît ma discrétion pour de l'insensibilité? — J'éprouve un involontaire sentiment de pudeur à trahir les émotions que je ressens à l'aspect d'un ciel étagé d'une certaine sorte, ou en présence d'une immensité déserte et phosphorescente, comme celle que je traverse en cet instant. Les mots me semblent chétifs pour rendre l'espèce d'oppression dont je suis saisi et le respect qui fait ma figure pensive.

Me voici au Croisic.

—

— « Pardon, monsieur, voulez-vous avoir la bonté de me donner votre nom? »

Ainsi me parla, le lendemain matin, une petite bonne de l'établissement des bains du Croisic, en me voyant me diriger vers la plage avec l'impatience naturelle à un Parisien. Je lui donnai mon nom, ou plutôt je le lui dictai, ce qui me permit de jeter un coup d'œil, entre les ailes de sa coiffe, sur le registre des voyageurs. La première chose qui me frappa fut ce paragraphe : « Du 24, une bouteille de rhum pour madame la comtesse. » Et un peu plus loin : « Du 30, une bouteille de kirsch pour madame la comtesse. »

Je donnai aussi mon âge et mon domicile habituel; mais, quant à ma profession, je me parai vaniteusement du titre de *rentier*. Que la Société des gens de lettres me le pardonne ! Ces formalités épuisées, on me permit d'aller me promener sur la jetée du Croisic, qui n'a de parapet que sur un seul côté; mesquinerie d'où pourraient résulter d'incalculables périls au cas où l'on y rencontrerait un de ces jettatori que la superstition napolitaine commence à imposer à la crédulité parisienne.

Depuis la veille, je n'avais pas ouvert mon Itinéraire; je pensai que c'était le moment d'y revenir : « LE CROISIC ; 2,402 habitants. Les étymologies font dériver le nom du Croisic du mot celtique *groaz*, qui signifie grève, sable, et auquel ils ajoutent la terminaison *ic*, diminutif breton. L'intérieur du Croisic est triste, assez mal bâti, pavé de gros cailloux. » Très-bien. C'est précisément là ce qu'il me faut, car j'ai soif de désolation, d'aridité, de monotonie : 2,402 habitants, c'est beaucoup, c'est trop.

Au bout de la jetée je comptais m'asseoir ; mais pas le moindre banc de pierre ou de bois. Reste debout, sybarite ; ce sera plus breton !

La mer est encaissée en cet endroit ; et de quelque côté que le regard se tourne, il aperçoit une île, un phare, un rocher, une langue de sable, enfin tout ce qui peut servir de prétexte à la terre pour s'imposer. En réalité, cette jetée n'offre donc qu'une fatigue sans récompense.

Il m'a paru plus intéressant de reprendre le chemin de la grève et d'aller chercher l'Océan à la pointe du Croisic. Je l'y ai trouvé dans toute sa majesté. Pas d'arbres derrière moi, une végétation nulle. A mes pieds, des entassements de pierres, les unes plates, les autres perpendiculaires et semblables à des buffets d'orgues. Là encore, *Béatrix*, qui est le véritable guide de ce côté du département, se charge de m'ôter toute envie descriptive ; le tableau est complet ; rouvrez le livre avec moi, chers lecteurs, et partagez mon plaisir : « Du côté de la mer, la presqu'île du Croisic est bordée de roches granitiques dont les formes sont si singulièrement capricieuses qu'elles ne peuvent être appréciées que par les voyageurs qui ont été mis à même d'établir des comparaisons entre ces grands spectacles de la nature sauvage. Ni les côtes de la Corse, où le granit offre des récifs bien bizarres, ni celles de la Sardaigne, où la nature s'est livrée à des effets grandioses et terribles, ni les roches basaltiques des mers du Nord n'ont un caractère plus complet. La fantaisie s'est amusée à composer là d'interminables arabesques où les figures les plus fantastiques s'enroulent et se déroulent. Vous rencontrez sous une voûte naturelle et d'une hardiesse imitée de loin par Brunelleschi, car les plus grands efforts de l'art sont toujours une timide contrefaçon des effets de la nature, une cuve polie comme une baignoire de marbre et sablée par un sable uni, fin, blanc, où l'on peut se baigner sans crainte dans quatre pieds d'eau tiède. Vous allez admirant de petites anses fraîches, abritées par des portiques grossièrement taillés, mais majestueux, à la manière du palais Pitti, cette autre imitation des caprices de la nature. Les accidents sont innombrables ; rien n'y manque de ce que l'imagination la plus dévergondée pourrait inventer ou désirer. »

C'est vrai, mon désir de solitude et de poésie était exaucé surabondamment. Aussi m'oubliai-je là pendant plusieurs heures, et oubliai-je *les bruits du monde.*

Des traces de pas humains m'apparurent enfin ; bientôt je me vis en face d'une partie de la population, représentée par une trentaine de jeunes filles groupées autour d'un bateau chargé de sel. Elles avaient les jambes nues et leurs jupons étaient relevés jusqu'au-dessus du genou : ne pouvant avoir de la pudeur par en bas, elles étaient en revanche hermétiquement enveloppées par en haut. Mon Itinéraire ne m'avait pas menti : « L'industrie de ce canton est salicole ; la saline est un relais de mer disposé pour la cristallisation du sel ; la forme et l'étendue n'en sont presque jamais les mêmes. »

A quelques pas, ma satisfaction fut extrême d'apercevoir une pierre celtique, plantée perpendiculairement dans le sol, à la façon d'un obélisque.

Je bornai là mon excursion le premier jour, et je donnai le reste de mon temps à la civilisation. Rentré au Croisic, je me mis à la recherche d'un barbier, mais inutilement ; j'eus beau interroger les enseignes, chercher de l'œil une boutique peinte en bleu, épier le balancement d'un plat de cuivre ; rien, absolument rien. Je pris le parti de pousser la première porte venue et de demander au premier visage qui vint se placer à un mètre du mien : — Le perruquier du Croisic, s'il vous plaît? — C'est moi, répondit un jeune garçon. — Mais pourquoi n'avez-vous pas d'écriteau? lui dis-je. — Oh! nous sommes bien assez connu, monsieur!

Je n'insistai point.

L'établissement des bains de mer, fondé en 1846 par un très-intelligent millionnaire de la Touraine, M. Deslandes-Orière, a l'aspect un peu sévère d'une caserne. On y pratique particulièrement l'hydrothérapie à l'eau de mer; j'y ai vu de belles et très-vastes étuves dans le goût romain, toutes dallées en marbres de couleurs différentes. Heureux malades! Comme ils peuvent prendre de magnifiques douches : douches en colonnes, douches en pluie, douches en poussière et douches *écossaises!*

L'état brillant de ma santé me permettant de n'accorder qu'un intérêt relatif à cet appareil médical, j'ai abrégé ma visite aux piscines pour m'informer du salon de conversation, — et, comme incidemment, — de la salle à manger. Au salon m'attendait une humiliation profonde. Après avoir cherché sur les banquettes de velours et le long des pianos quelque *figure de connaissance*, je me suis rejeté sur la table des journaux, où, sans choix, j'ai ouvert *la Patrie*. Comme il s'en fallait d'une heure encore que le dîner fût servi, je me vouai à la lecture scrupuleuse de ce journal : quels ne furent pas mon étonnement et ma honte, lorsque, m'avisant d'en regarder la date, je m'aperçus que je venais de lire un numéro du mois de septembre de l'année dernière ! Eh bien, franchement, je ne m'en serais jamais douté.

Il était écrit, du reste, que je devais marcher de déception en déception. J'avais vu que le nom du Croisic dérivait de *groaz*, qui signifie sable, et voici ce que je lis maintenant dans un second Guide tombé sous ma main : « LE CROISIC; 2,000 habitants. Les armes de cette ville étaient une croix et quatre hermines, allusion symbolique au nom du Croisic, que certains auteurs font dériver du mot croix, *croazic;* en breton, petite croix. » Auquel se fier?

Alfred de Musset affectionnait ce coin de l'Océan, et il y est venu souvent. Peut-être y a-t-il pris ce nom de Croisilles donné au héros d'une de ses plus spirituelles nouvelles.

Le homard est l'élément principal des tables

d'hôte bretonnes ; on l'y sert en buissons, comme les écrevisses. Les petits moutons noirs de l'endroit, que l'on voit toute la journée chercher un brin d'herbe entre deux coquillages, fournissent de médiocres côtelettes et de plus médiocres gigots. En revanche, la pâtisserie est traitée avec soin. — Nous n'étions guère qu'une trentaine de personnes à table, l'ouverture des bains de mer n'ayant eu lieu que depuis quelques jours. Cependant il y avait l'Anglais indispensable et plusieurs demoiselles du département. Tout ce monde était fort silencieux ; en ce qui me concerne personnellement, je n'élevai la voix que pour offrir du vin à ma voisine, mais cette tentative loquace fut presque aussitôt réprimée. Je concentrai alors mon intelligence sur le cercle de mon assiette, et, pour me distraire, *je mangeai tout*, comme les enfants.

La même petite bonne qui m'avait inscrit le matin sous le titre de rentier, et à qui cette qualification inspirait sans doute quelque estime pour moi, m'indiqua pour accomplir ma digestion une promenade à un tertre peu distant, qu'on appelle le Mont-Esprit. On y monte par un sentier en colimaçon, bordé d'un buisson et de touffes de violiers. Au sommet on embrasse dans toute son étendue l'anse si bizarrement échancrée du Croisic, et sur la gauche on a le coup d'œil de la pleine mer.

Je ne pus pas rester sur le Mont-Esprit aussi longtemps que je l'aurais désiré. C'était le soir, et la journée avait été très-chaude. Autour de moi, à mes pieds, sur ma tête, une nuée de hannetons enivrés voletaient et bourdonnaient dans la vapeur du crépuscule. Quelques-uns venaient donner contre mon chapeau, d'autres s'abattaient en roulant dans la poussière. Un bruit! une importunité! Je fus forcé de leur céder la place.

—

Voilà huit jours que je suis au Croisic, — *petite croix* ou *banc de sable*. Les baigneurs sont arrivés. Cela va ressembler à tout, excepté à la Bretagne. De longs messieurs, revêtus d'étoffes de couleur tendre, la tête couverte d'un petit armet de Mambrin, et tenant entre le pouce et l'index de la main droite un soupçon de canne, se montrent régulièrement sur la plage. Quelques crinolines les suivent, enfermant des femmes de condition. On tâte le pouls à la mer, on ne lui trouve pas l'écume bonne.

Parfois un de ces messieurs se décide ; il est imité par une de ces crinolines. Ils entrent dans ces cabanes de bois dont l'agglomération fait songer à des capucins de cartes. Papillons tout à l'heure, les voilà chenilles maintenant, chenilles rayées, bleues, jaunes, rouges. Ils se donnent la main, comme pour une contredanse, et ils s'avancent en mesure vers l'Océan, qui semble leur servir d'orchestre. Pendant un quart d'heure, ils se dandinent aux câbles que retient un quinconce de poteaux, — et ils ont pris un bain de mer.

Les journaux arrivent tous les jours ; on s'y cramponne avec une ardeur qui m'étonnait dans le principe et qui à présent ne m'étonne plus. Moi-même, j'ai depuis mon séjour, sur ma table de nuit, un morceau du *Musée des Familles* retrouvé dans ma malle, et que je relis machinalement chaque soir. Il y est question de pêcheurs danois et de divers phénomènes de l'électricité. C'est le pendant, pour moi, du cornet de tabac de La France, dans le *Voyage sentimental.*

Je commence néanmoins à être un peu gêné par le contact des robes splendides qui débordent sur moi, de chaque côté, à la table d'hôte.

Les femmes font trois toilettes. J'ai bien essayé de me mettre à l'unisson en arborant successivement les quatre cravates que j'ai apportées de Paris ; mais c'était une lutte insensée, et j'ai fini par me renfermer dédaigneusement dans la majesté d'un immuable habit noir.

Les gens qui aiment à parler haut et à accaparer l'attention publique sont également arrivés ; aussi les repas ont ils une animation que j'avais été impuissant à leur communiquer le premier jour. — On ne danse pas encore, mais on dansera la semaine prochaine. En attendant, on fait de la musique ; une jeune fille du Morbihan exécute sans relâche le quadrille de la *Fête des Oiseaux à Quimperlé*, que je saurai bientôt par cœur, comme mon fragment du *Musée des Familles*.

Mes journées se passent en promenades de la pointe du Croisic à la plage du Pouliguen, et en visites au bourg de Batz, qui est un bourg d'opéra-comique, où les habitants portent la culotte et le chapeau à la Henri IV.

Mais, hélas! à quel spectacle viens-je d'assister au retour d'une de ces visites! Les voitures de Saint-Nazaire et de Savenay, doublées, triplées, jettent en ce moment sur la plage une soixantaine d'hôtes nouveaux. Je les reconnais bien : ce sont des pianistes, ce sont des généraux, ce sont des dames aux perles; c'est le luxe, c'est le plaisir, c'est la mode ; c'est tout le monde enfin, puisque c'est Paris. Paris s'abat sur le Croisic.

Allons! je partirai ce soir.

V

SAINT-MALO

Je ne vous engage pas à fredonner dans les rues de Saint-Malo l'ironique refrain : *Bon voyage, monsieur Dumollet!* La vieille ville des corsaires n'a pas pardonné à Désaugiers ses irrévérencieux couplets, et si vous n'avez plus à craindre le coup de dent de ses chiens, vous n'en devez pas moins redouter le coup de dent de ses habitants. — Je suppose que tout le monde connaît la légende des chiens de Saint-Malo ; néanmoins, qu'on me permette de faire comme si personne ne la connaissait.

Au temps où Saint-Malo n'avait pas de quais et où la marée haute venait battre le seuil des portes de Saint-Vincent et de Dinan, la garde des remparts était confiée à vingt-quatre dogues de la plus terrible taille, que l'on déchaînait tous les soirs, à dix heures, après avoir eu le soin de les entretenir dans un état de jeûne bien fait pour exaspérer leur zèle. Ces molosses jouirent longtemps d'une grande réputation et d'une non-moins grande considération. La renommée avait porté leurs aboiements sur tout le littoral. Mais ce mode naïf de surveillance devait tôt ou tard avoir son danger; par une nuit plus sombre que de coutume, un officier de marine périt sous leurs crocs. Il ne paraît pas cependant que les chiens de Saint-Malo furent immédiatement destitués.

Tout cela n'est pas très-comique, sans doute; mais la jovialité française s'accommode des moindres catastrophes. Trente-huit ans après la mort de l'officier de marine, Paris se pâmait de rire devant les lazzis de Brunet, qui venait d'ajouter un type burlesque à la galerie déjà usée des Jocrisse et des Cadet-Roussel. Le personnage de M. Dumollet parut pour la première fois, comme rôle épisodique, dans *les trois Étages ou l'Intrigue sur l'Escalier*, vaudeville en un acte, par Désaugiers, joué en 1808 sur le théâtre des Variétés. Pourceaugnac ou Dumollet, c'est le même caractère; il s'agit encore d'un prétendant niais,

que l'on éconduit avec force mystifications.
Brunet illumina ce vaudeville, dont le principal
mérite consistait dans le décor, représentant un
escalier. Dès que la création de Dumollet fut
adoptée, son auteur la mit à toutes les sauces.
L'année suivante vit paraître *le Départ de Saint-
Malo ou la Suite des Trois Étages*, avec le même
décor et les mêmes acteurs. La pièce se terminait cette fois par le chœur d'adieu devenu si
célèbre :

AIR : *Bonne fête, monsieur Denis.*

Bon voyage,
Cher Dumollet!
A Saint-Malo débarquez sans naufrage.
Bon voyage,
Cher Dumollet,
Et revenez si ce pays vous plaît!

De ce moment la gloire de Dumollet ne connut plus de limites ; les poëtes de la rue s'en
emparèrent ; on entendit crier *les Adieux de
M. Dumollet à la capitale, les Trente-deux Chansons de M. Dumollet;* il y eut même, je crois, un
Almanach de M. Dumollet. Désaugiers revint à la
charge et donna, en 1810 : *Il arrive! il arrive!
ou Dumollet dans sa famille.* On eut alors le spectacle de Dumollet père, de madame Dumollet et

de Dumollet cadet, représenté par Potier. Selon moi, cette farce est la meilleure; c'est du moins la plus extravagante et la plus bourrée de jeux de mots. Brunet y faisait son entrée sur un âne, et comme on le renversait en l'embrassant : « Je tombe de mon haut ! » disait-il. Il rencontrait le perruquier, qui lui expliquait comment il avait joint à son art la profession de restaurateur : « Voilà comme je fais : le plat à barbe d'une main et la casserole de l'autre... — Oui, vous rasez, et ça cuit, » répondait Dumollet. Dans cette pièce seulement, les fameux chiens jouent leur rôle : on les entend aboyer dans la coulisse, et l'on voit accourir Dumollet, les bas en lambeaux. « Ah ! mon Dieu ! s'écrie son père, qui t'a mis dans cet état ? — Qui ? qui ? vous êtes de Saint-Malo, et vous me le demandez ! »

Désaugiers usa la vogue : deux ans après il fit *le Mariage de Dumollet;* mais le caprice du public avait tourné, d'autres types étaient survenus; on souhaita définitivement à celui-ci *bon voyage.* Les gens qui voient et mettent de la politique dans tout avaient essayé un instant d'en faire une caricature politique ; ils avaient chuchoté le nom de Louis XVIII. C'étaient les mêmes badauds qui devaient plus tard chantonner : *Rendez-nous notre père de Gand!*

Mais qu'avaient pensé les Malouins en se voyant ainsi livrés au ridicule, eux et leur ville? J'ai peine à croire qu'aucune protestation, collective ou particulière, ne se soit élevée parmi ces Bretons si chatouilleux, si mal endurants. Ceux que j'ai interrogés à ce sujet se sont contentés de me regarder de travers et de changer d'entretien.

Lorsque Saint-Malo n'amène pas sur les lèvres la chanson de *Monsieur Dumollet*, il éveille infailliblement la romance non moins célèbre du *Beau Rocher de Saint-Malo,*

Que l'on voit sur l'eau!

Ce rocher, dont on pourrait avoir une haute idée, n'est qu'un rocher plat, assis au milieu de la mer et relié à la terre par une étroite chaussée appelée *le Sillon*. Les poëtes l'ont comparé à un navire à l'ancre, les réalistes à une poêle à frire retenue par son manche. — Quand plus tard j'ai vu Cadix, un ressouvenir m'est venu : j'ai cru revoir Saint-Malo, mais Saint-Malo tout badigeonné de blanc, avec des dômes et deux ou trois palmiers.

Arrivé à Saint-Malo, sans naufrage, par l'*im-*

périale de la diligence de Rennes, je descendis à l'hôtel de France, le premier qu'on rencontre en venant par terre, et le seul où j'eusse le désir de descendre, car c'est le lieu de naissance de Chateaubriand. Seulement le prix élevé auquel l'hôtelier, justement renseigné sur la valeur littéraire de l'auteur de *René* et d'*Atala*, me cota son berceau, ne me permit que de prendre la chambre au-dessus. J'en fus récompensé par un point de vue plus étendu que celui qui frappa les premiers regards de « François-RENÉ de Chateaubriand, fils de haut et puissant René-Auguste, comte de Combourg, et de haute et puissante dame Apolline-Jeanne-Suzanne de Bedé de la Bouëtardais. » Il est né dans une cuisine. Je m'installai dans une mansarde.

De quelque modestie que je cherche à m'envelopper, je ne pus m'empêcher de me rappeler, à l'heure où je mis le pied dans cet hôtel, que le directeur de *la Presse*, M. Émile de Girardin, m'avait chargé, en 1848, moi jeune homme, moi inconnu, d'écrire en son journal la préface des *Mémoires d'Outre-Tombe;* et, sous l'escalier qui conduisait à ma mansarde, je courbai la tête instinctivement, comme sous la main invisible du génie.

Je vis deux choses en ouvrant ma fenêtre : la mer d'abord, — immense, verte et légèrement frisée par places, à cause des nombreux écueils désignés dans le pays sous le nom de *Cailloux* ; — ensuite, un rocher rattaché par un lien à Saint-Malo, comme Saint-Malo est rattaché à la terre. Sur le flanc de ce rocher, je distinguai une croix et une grille, et je compris que j'avais en face de moi le tombeau de Chateaubriand.

Déterminé à trouver d'autres choses à Saint-Malo, je parcourus la ville dans tous les sens, après en avoir préalablement fait le tour sur les remparts, ce qui ne me prit pas plus d'un quart d'heure. On ne peut se soustraire à l'impression imposante de cette ceinture de murailles, sans cesse battues et rongées par la mer, de ces forts signés Vauban, et de cette énorme tour de Quiquengrogne, monument d'une royale insolence, qui doit son nom, dit-on, à ces paroles hautaines de sa fondatrice, la reine Anne : « *Qui qu'en grogne, ainsi sera; c'est mon plaisir!* »

Pendant plus de dix ans M. Victor Hugo a annoncé un roman intitulé : *la Quinquengrogne*.

Saint-Malo est peu fécond en distractions, autant que j'ai pu en juger par un séjour de près d'une semaine. Il ne faut demander à ces petites villes que ce qu'elles peuvent donner, c'est-à-dire le point de vue.

Le musée renferme les portraits de tous les Malouins célèbres, depuis Duguay-Trouin jusqu'à l'abbé Trublet. Un tableau représente la translation du corps de Chateaubriand (toujours Chateaubriand !) : on y distingue, parmi les *autorités*, deux poëtes des environs, tous deux morts aujourd'hui, M. Édouard Turquety et M. Hippolyte de la Morvonnais.

Je me suis enquis du théâtre auprès du propriétaire de mon hôtel ; il n'y est jamais allé. Sa femme me dit: « — Dame ! c'est assez difficile... là-haut... au fond d'une cour... » Seul, je finis par trouver. O mélancolie ! quinze personnes assistent au *Médecin des enfants*.

L'*ouvreur*, qui s'ennuie, entre en conversation avec moi pendant les entr'actes ; il me dit les belles soirées du théâtre de Saint-Malo. Il a surtout présents à la mémoire deux faits prestigieux : une représentation de Rachel, et un bal offert au prince de Joinville. « Tout était *velouré* du haut en bas, » me dit-il.

Les appartements à Saint-Malo se louent pour la Saint-Gilles, le 1ᵉʳ septembre.

VI

DE DINAN A SAINT-THÉGONNEC

I

A Gustave B.

D'abord je t'avais écrit cette lettre en langue bretonne; même j'étais assez satisfait de mon exorde : « *Diskouesct hoc'h eus d'in en quemen a darvoud, penaus e oac'h eus va mignonet, ma c'hallan bremá en em servijont ac'honoc'h er galitse.* »

Puis j'ai rabattu de mon exaltation locale, et je me suis traduit moi-même en dialecte de la rue Vivienne. Tu apprécieras, je l'espère, cette concession, et tu excuseras les assonances que je n'ai pas eu le temps de retrancher.

II

Depuis Rennes, j'ai retrouvé la diligence et tous les usages qui se rattachent à ce véhicule fabuleux : l'employé qui vous répond à peine, les arrhes, le conducteur enluminé ; — poussière et secouée de grelots !

Malgré tout cela, j'aime la diligence ; je la préfère au chemin de fer, parce qu'elle me met en communication plus intime avec le paysage, parce qu'elle me fait vivre un instant de la vie de ceux qui passent, et enfin — parce qu'elle va plus vite.

Plus vite, oui, vraiment ; c'est du moins ce qu'il me semble, à moi qui n'ai qu'une idée confuse des distances et qui crois avoir fait beaucoup de chemin quand les chevaux ont bien piaffé, les roues bien sonné, les vitres bien tremblé, le postillon bien juré.

Bien juré, postillon ! — Bien rugi, lion ! — Je l'entends encore, sur la route de Dinan à Saint-Brieuc, faisant claquer son fouet, dont la corde capricieuse et agile menaçait mon œil à chaque instant, car j'étais sur la banquette.

Voici la chanson du postillon, telle que je l'ai notée pendant les relais : « Hue!... ktt, ktt, ktt, ktt, ktt..., hue, Péchard!... haï donc... Oôôô... Hé, toi, vas-tu te ranger là-bas!... Cré vingt dieux!... Hue, Jean-Marie! tchok, tchok, tchok.

» Là, là, là... hue, carcan!... Qué qu'il a donc aujourd'hui?... Hue!... hue! Caporal de bon Dieu!... ktt, ktt, ktt, ktt... Y aura de l'eau, ben sûr... hue! »

Une fois j'ai essayé de me jeter en travers de ce monologue, et je n'ai pas été récompensé de ma tentative. — « Serons-nous arrivés dans une heure à Lamballe? » lui ai-je demandé.

Il ne m'a pas répondu et il a frappé plus fort ses bêtes ; mais au bout de cinq minutes il a grommelé : — « Ah! ben oui, dans une heure! Vous avez ben le temps encore de gratter vos puces. »

Gracieuse image! Je me suis alors retourné vers le conducteur, un philosophe emmanché d'un brûle-gueule, à l'entretien laconique, mais substantiel. « — Quel est cet édifice? » lui ai-je demandé.

« C'est la filature à M. Bourdais, » m'a-t-il répondu sans me regarder. Désespérant de conquérir les sympathies de ces deux hommes et de me faufiler dans leur intimité, j'applique mes regards à la route, au pays, qui n'a rien de particulièrement breton, en dehors des ajoncs dont il est semé. L'ajonc, dont la belle couleur rend rêveur, —

Est une excellente nourriture pour les chevaux, après qu'il a été écrasé et pilé ; il leur communique du feu, de l'entrain. Partout je vois des femmes qui travaillent à la terre.

Où donc sont les hommes?.Ils sont en mer, et non ailleurs. On n'en a trouvé que trois, cette année, pour la conscription, dans le canton de Pleurtuit,

Qui compte cependant près de cinq mille habitants. Tous mettent leur gloire à être marins de père en fils ; leur orgueil a une hauteur froide que rien ne dépasse.

Il n'est pas rare d'entendre un capitaine dire à l'un de ses matelots, avec un accent de mépris : « Tu n'es qu'un soldat ! »

Le costume des Côtes-du-Nord est fort simple : de petites coiffes pour les filles, de grands chapeaux pour les garçons. « Il faudra bientôt

songer à marier nos coiffes et nos chapeaux, »
dit le père de famille.

Ces petites coiffes, blanches et plates, sur une
robe toujours sombre, ont reçu le surnom pittoresque de *têtes de pipes*.

Aux approches de Saint-Brieuc, il y a un bourg
qu'une plaisanterie immémoriale a rendu fameux dans les annales des Messageries.

Lorsque vous demandez le nom de ce bourg,
le conducteur, soulevant sa casquette, ne manque jamais de vous répondre : « *Passe-cocu.* »

III

A Guingamp le réveil a été charmant. Il
pleuvait dru, bien que ce fût un dimanche; mais
les cloches lancées à toute volée, mais les habitants parés et braves, —

Protestaient contre la malhonnêteté du temps.
Dès cinq heures du matin, c'était par la ville une
traînée de sabots assourdissante. A Guingamp
le réveil a été charmant.

Une assourdissante traînée de sabots et une

joyeuse mêlée de parapluies de toutes les couleurs. Le parapluie est la seconde dévotion du Breton, le parapluie pesant, en gros coton, pouvant abriter une maisonnée.

Quel bonheur de *sortir* le parapluie, de le promener, de lui faire prendre l'air !

Parmi les gens de Guingamp, quelques-uns, ne se contentant pas d'un seul parapluie, en portaient sous le bras jusqu'à trois : — celui-ci pour leur belle-sœur, celui-là pour M. Le Goz, et le dernier en cas de rencontre.

A Guingamp le réveil a été charmant. Le propriétaire de l'hôtel de France m'a offert un verre de liqueur de cachou, que je ne connaissais pas encore. Ensuite je suis allé à la messe.

L'église en granit noir est d'un grand et étrange effet ; au-devant d'un de ses portails, je remarque un saint sculpté et peint, de grandeur naturelle, — et armé d'un tranche-lard.

Je n'ose m'enquérir du nom de ce vénérable personnage, dans la crainte qu'on ne me suppose une intention de moquerie. A Guingamp le réveil a été charmant.

IV

Je viens de contempler le crâne de saint Yves, le patron des avocats.

Le crâne de saint Yves est à la cathédrale de Tréguier. Le reliquaire qui l'enferme est placé sur le haut d'une tablette, dans une armoire de la sacristie.

Une couronne de roses blanches orne son front jauni. Il reste encore quelques dents à cet avocat.

Morne ville que Tréguier! Brizeux parle de ses chanteurs renommés ; je les ai cherchés vainement.

Et pourtant je ne suspecte pas Brizeux ;

Mais depuis les livres de cet honnête cœur le temps a marché, emportant chaque jour un peu de la tradition bretonne et des vieillards bretons ;

Et la poésie, sans se retirer absolument de ce coin de terre, s'est assoupie sous le manteau de la cheminée, les pieds dans la cendre,

Ne retrouvant sa harpe qu'une ou deux fois l'an, les jours de procession, et sentant d'année en année sa voix s'affaiblir, son regard s'éteindre,

Perdant, aux plus beaux passages, la mémoire de ses cantiques, — la pauvre femme, la pauvre veuve !

Tréguier a vécu, hélas ! Tréguier a vécu de la vie des batailles et des miracles.

Son fondateur allait à Rome et en revenait, à travers les airs, monté sur un cheval blanc.

Tréguier se défendait contre les Anglais, contre les Espagnols, contre les ligueurs.

Aujourd'hui Tréguier, disent les statistiques, — fait un négoce assez important de suif et de miel.

Descendu la veille à l'auberge *aux Trois Avocats*, j'ai hâte de m'en aller, tant je me sens enveloppé de tristesse.

Pourtant, en attendant la diligence qui doit me conduire à Lannion, j'entre une seconde fois dans la cathédrale ;

Et, dans un angle, j'avise une porte à demi fermée. Je demande au sacristain où cela conduit. — « Oh ! ce n'est rien, me répond-il ; c'est une cour... »

Machinalement je pousse la porte, et je me

trouve dans un cloître de toute splendeur et de toute conservation, un des plus spacieux que j'aie jamais vus.

Voilà ce que c'est que les sacristains.

V

Sur cette côte, fouillée et dentelée par l'Océan, je te recommande une anse, entre Lannion et Lanmeur.

On pourrait l'appeler l'anse aux Prodiges, à cause des faits surnaturels et des existences légendaires dont elle a été le théâtre.

Là, saint Efflam, précipité dans la mer, a abordé ; là, saint Michel, invoqué, est venu en aide à quelqu'un.

Tout là-bas, sur la gauche, aperçois-tu le clocher de Saint-Jean-du-Doigt ?

Un doigt de saint Jean y est conservé, en effet ; et les fidèles viennent de loin pour l'adorer, comme tu penses.

— Tous les ans, on lui coupe l'ongle, ajoute le conducteur.

VI

Il n'est guère possible, en Bretagne, de ne pas parler d'églises et de saints.

Parlons-en donc une bonne fois, et prenons Saint-Thégonnec pour prototype.

Saint-Thégonnec est un bourg à quelques lieues de Morlaix, sur la route de Landerneau ; — de loin son église, d'un ton grisâtre, n'offre rien de remarquable ;.

Mais à mesure qu'on en approche, c'est une sarabande de tous les styles, une goguette de tous les âges. L'ensemble tend à la renaissance ; les détails touchent à toutes les discordances :

L'égyptien et le gothique, Saint-Sulpice et le moyen âge. Je défie qui que ce soit, — excepté un paysan breton, — d'éprouver autre chose qu'un sentiment de stupeur en présence de cet édifice.

A l'intérieur, c'est bien pis : une voûte en bois constellée de bleu, reposant sur des piliers de granit verdi ;

Une apothéose sans fin, recommençant à chaque chapelle ; le triomphe du bois sculpté sous toutes ses formes : des autels de bois, des colonnettes de bois, des nuages de bois ;

Des cœurs de bois, des fruits de bois, des oiseaux de bois, des flammes de bois, des palmes de bois ;

Des anges de bois, aux ailes éployées, soufflant dans des trompettes de deux sous ; des évêques de bois, comme s'il en pleuvait ;

Saint Pol de Léon, les pieds sur un dragon à gueule écarlate, avec cette inscription : « Peint et doré l'an 1834, lors recteur M. Tanguy » ;

(En Basse-Bretagne, les inscriptions sont rarement en latin); saint Jaoua, neveu de saint Pol, avec un petit ange conseiller au-dessus de chaque oreille ;

Une chaire en démence, avec des médaillons Pompadour, presque une œuvre d'artiste.

Tel est l'intérieur violent, aveuglant, prétentieux, naïf, bouffon et touchant de Saint-Thégonnec.

Le cimetière fait le tour de l'église, selon l'usage ; un cimetière ombragé de quelques grands arbres, mais dégradé et plein de fragments de sculpture tombés sur le gazon.

Avec un calvaire, qui est cité immédiatement après le calvaire de Plougastel. On y voit les deux larrons habillés à l'allemande, étalant des crevés, comme Gessler.

Devant le calvaire est un reliquaire ou charnier, d'un dessin assez attrayant, encombré de petites boîtes noires, un peu plus grandes que des boîtes à sel,

Percées d'une ouverture en forme de cœur et surmontées d'une croix.

C'est dans ces petites boîtes que les habitants de Saint-Thégonnec mettent les têtes de leurs parents et de leurs amis, après en avoir obtenu l'exhumation. Bizarre !

En lettres blanches, on écrit dessus : « Ici gît le chef de François Ferec, décédé à Penfô, le 25 août 1841. »

Ou bien : « Ici repose le chef de Jeanne Croguennec, épouse de Jean Riou, décédée à Kelafrès. »

J'ai ramassé un *chef* de 1852, car il y en a partout de ces sinistres boîtes, dans tous les coins, sur tous les rebords et principalement par terre.

O Yorick ! que de réflexions tu aurais faites dans le cimetière de Saint-Thégonnec !...

VII

LANDERNEAU

« *Il y aura du bruit dans Landerneau!* » Voilà ce que tout le monde répète en riant et d'un air de malice ; mais tout le monde ne connaît pas l'origine de cette phrase. Les habitués du Théâtre-Français, seuls, savent qu'elle est tirée des *Héritiers*, d'Alexandre Duval, où elle se produit plusieurs fois, avec un effet comique, par la bouche du domestique Alain. On a mis des variantes à cette locution, telles que : *On en parlera dans Landerneau; il en sera question dans Landerneau*, etc. Il faut en reporter le sens, ainsi que de la saillie d'Alexandre Duval, à l'importance réelle de Landerneau dans les temps anciens, et à la réputation d'expérience et de sagesse dont jouissaient ses habitants.

Désireux de m'assurer par moi-même s'il y avait autant de bruit que cela dans Landerneau, je suis arrivé dans une petite ville de la basse Bretagne, blanche et riante, propre comme le tablier d'une jolie femme de chambre. Une rivière la traverse, incidentée d'un batelet à vapeur qui descend jusqu'à Brest, et bordée de quelques arbres en façon de promenade. Les vieilles maisons ont été presque toutes abattues. Des deux églises consacrées à saint Houardon et à saint Thomas, la première vient d'être reconstruite ; — c'était sur son clocher que se voyait autrefois ce fameux disque en métal, connu dans toute province et même au delà sous le nom de *la lune de Landerneau*.

On peut supposer que cette « lune » a contribué au renom comique de Landerneau, surtout si l'on se reporte à l'anecdote de ce gentilhomme breton en visite à la cour de Versailles. Tout le laissait froid ; aucune merveille ne pouvait lui faire oublier son pays natal. Quelques-unes des personnes qui l'accompagnaient dans le parc, un soir, à bout d'énumérations, s'avisèrent d'admirer devant lui l'éclat de la lune. « Oh ! murmura dédaigneusement le Breton, celle de Landerneau est bien plus grande ! » On ignorait qu'il voulût parler de l'astre de son clocher, et l'on fit des gorges chaudes de sa réponse, qui eut bientôt sa place dans les fastes du ridicule.

La nouvelle église n'a pas de lune; en revanche, elle possède un tableau, remarqué à l'une des Expositions parisiennes, et dû à un peintre natif de Landerneau, M. Yan Dargent, un des tempéraments les plus fantastiques que je sache. Ce tableau, dont le sujet est emprunté à la légende, représente saint Houardon exposé sur la mer dans une frêle nacelle, que poussent doucement vers le port deux anges aux grandes ailes.

Je suis resté deux jours à Landerneau, — ce qui est fort raisonnable, — et, pendant ces deux jours, aucun tumulte n'a frappé mon oreille, pas la moindre rumeur. Une berline de saltimbanques a bien fait mine de s'arrêter; mais, en présence de l'attitude paisible de la ville, elle a rentré ses clarinettes et sa grosse caisse, et elle a continué son chemin. Il n'y a donc décidément pas de bruit dans Landerneau, quoique Cambry écrive que « l'usage des charivaris y a longtemps subsisté. » Encore une origine que j'allais oublier de signaler!

Ce Cambry, dans son intéressant *Voyage dans le Finistère*, daté de 1792, cite des vers d'un représentant de Landerneau, — adressés à une dame du nom de Rose, — et qui sont, ma foi, le triomphe du joli et du galant !

> Dans l'île de Cypris, si j'avais un bosquet,
>   J'y cultiverais une rose.
> Si dans les champs de Mars je portais le mousquet,
>   Je me ferais nommer La Rose.
> S'il manquait une sainte au ciel de Mahomet,
>   Je dirais : Prenez sainte Rose.
> Pour orner la bergère, en un simple corset,
>   Que faut-il ? Un bouton de rose.
> Des vers d'Anacréon que n'ai-je le secret ?
>   J'immortaliserais la rose.
> Sur l'autel de l'Amour, ma main ne brûlerait
>   Que des pastilles à la rose.
> Peut-être enfin devrais-je à ce culte discret
>   Quelque rêve couleur de rose !

Voilà un aimable représentant, dont le nom méritait d'être conservé, — ou tout au moins le petit nom.

Le deuxième jour de mon arrivée, qui devait être aussi celui de mon départ, comme je m'enquérais, dans le *bureau* de l'hôtel où j'étais descendu, des curiosités de Landerneau, quelqu'un me demanda, avec une certaine hésitation, si j'avais vu le musée de M. Saluden.

— « Un musée ! m'écriai-je. — Un musée

ou... un cabinet de curiosités, je ne sais pas au juste, me fut-il répondu. — Mais ce monsieur admet-il chez lui les voyageurs ? — Oh ! il ne demande pas mieux ! » Et je surpris quelques sourires.

On me donna une servante pour m'accompagner chez M. Saluden. Il fallut traverser le pont sur l'Élorn, au milieu duquel s'élevait autrefois la sénéchaussée, et passer à côté de l'église assez pittoresque de Saint-Thomas. Nous nous arrêtâmes à l'entrée de la rue de Daoulas, à gauche, devant une maison en élévation sur une butte de terre. La servante frappa. Un homme de cinquante ans environ, en manches de chemise, le pantalon couvert de plâtre, vint ouvrir. C'était M. Saluden ; une bonne figure campagnarde, cuite par le soleil. Il me demanda la permission de se laver les mains avant de m'exhiber ses raretés. Ensuite il me conduisit au fond d'un potager où il me fit voir un petit rocher artificiel, orné de coquilles d'huîtres, un jet d'eau, un bassin où dormait une tortue. Je compris sur-le-champ que j'étais mystifié.

Cependant, le brave homme m'engagea à le suivre dans un escalier tournant. La tête basse, je le suivis. Mais là mes idées se modifièrent un peu, car j'aperçus, accrochés à la muraille ou rangés sur des planchettes, quantité de bibelots dignes d'un coup d'œil. Ma méfiance me reprit lorsque nous nous trouvâmes dans une chambre large comme la main, éclairée d'en haut par une fenêtre dite à tabatière, et que M. Saluden s'écria d'un air triomphant : « Voilà ! »

Voilà ! — c'est-à-dire un pêle-mêle, un capharnaüm, l'assemblage des objets les plus saugrenus : de vieilles boîtes, des parapluies hors d'âge, des flacons de la Société hygiénique, des médailles du théâtre Comte, des rotins. — A côté de cela pourtant, une chose vraiment précieuse, vraiment artistique, apparaissait quelquefois, soit une serrure exquisement ouvragée, soit un pastel encore vivace, soit un bijou de statuette. Des statuettes surtout, il y en avait par monceaux, et puis des fragments de panneaux aux sculptures ravissantes. L'explication de tout cela, M. Saluden me la donna avec bonhomie : il était maçon de son métier, et, en cette qualité, il avait assisté à la démolition de tous les couvents et de tous les châteaux de la contrée. Mû de bonne heure par un vague instinct d'antiquaire, il n'avait cessé de ramasser et d'emporter ce qui tombait sous sa main, ce qu'on lui abandonnait, les éventails gisant dans la poussière, les portraits d'aïeux dont se gaussait la bande noire, les armes ciselées qu'il achetait au prix du vieux fer. Tel était le principe de sa collection. Par malheur, le goût et l'instruction lui faisant défaut, on avait abusé de sa manie dès qu'on l'avait connue. De là, maint cadeau dérisoire de la part des malins de Landerneau. Celui-ci lui avait envoyé « la pomme de canne de Lavater; » celui-là « un baudrier de garde national ayant appartenu aux *quatre Mousquetaires;* » cet autre « le peigne de Lacenaire, donné par M. Tartempion, directeur de la Conciergerie. » Le plus cruel lui avait offert un canard vulgaire, empaillé, orné de deux pattes de homard enfoncées dans la tête, avec cette étiquette : « Canard-rhinocéros, tué par le capitaine Énée, sur les bords du Styx, lors de sa descente au Ténare. »

Je souffrais pour M. Saluden en examinant ces monuments d'une trop facile mystification, et j'allais prendre congé de lui, lorsqu'il me dit : « Mais vous n'avez pas vu la dixième partie de ce que j'ai ! » Alors il ouvrit sept ou huit placards qui se dédoublaient comme des feuilles de paravent, et contre les parois desquels recommençait en effet une exposition des mêmes richesses accolées aux mêmes niaiseries. Je remarquai le portrait du patriarche de la Bretagne au dix-huitième siècle, — Jean Causeur, mort à cent trente-sept ans. Ce portrait existe gravé.

J'abrége. M. Saluden n'est pas seulement un collectionneur; il a inventé et fabriqué des instruments agricoles, ingénieux et utiles, pour lesquels les expositions départementales lui ont maintes fois décerné des prix et des mentions.

VIII

QUIMPER-CORENTIN

Qui le croirait? C'est du bon, de l'inoffensif La Fontaine que Quimper-Corentin a reçu son premier sarcasme. La fable du *Charretier embourbé* commence ainsi :

> Le phaéton d'une voiture à foin
> Vit son char embourbé. Le pauvre homme était loin
> De tout humain secours : c'était à la campagne,
> Près d'un certain canton de la basse Bretagne
> Appelé Quimper-Corentin.
> On sait assez que le destin
> Adresse là les gens quand il veut qu'on enrage.
> Dieu nous préserve du voyage!

Où La Fontaine a-t-il pris son dédain pour la bonne ville de Quimper? Voilà bien nos Parisiens de cour ! « *Dieu nous préserve du voyage !* » Et moi je dis, mon cher poëte, que vous n'auriez pas eu assez de vos yeux pour contempler ce *certain canton* et ses habitants. Vous, l'homme des sensations naïves, le flâneur anti-académique, vous seriez tombé en extase au beau milieu de Quimper-Corentin, un matin de marché, par exemple; — et le soir vous aurait vu, loin *d'enrager*, admirer aux clartés stellaires la robuste silhouette de la cathédrale.

Oui, vraiment, une cathédrale, la plus vaste de la basse Bretagne et l'une des plus belles. Si j'en parle tout de suite, c'est parce que c'est la première chose qu'on aperçoit dans la ville. Elle date du quinzième siècle, et elle est dédiée à saint Corentin, premier évêque de Quimper. Ce Corentin était un pieux ermite, qui passait sa vie auprès d'une fontaine où Dieu entretenait pour lui un poisson perpétuel. Chaque matin, après ses prières, Corentin jetait son filet et amenait un poisson, — toujours le même, — qu'il coupait régulièrement en deux moitiés, dont l'une était gardée pour sa nourriture, et dont l'autre était rejetée dans la fontaine. C'était bien le cas de s'écrier avec notre fabuliste :

> Petit poisson deviendra grand !

Ce miracle, raconté par Albert le Grand, est

consigné dans la prose qui se récite le jour de la fête de saint Corentin.

C'est à ce poisson que l'ermite dut sa promotion à l'évêché de Quimper. Un jour qu'il allait commencer son modeste et monotone repas, un grand bruit de chevauchée se fit entendre. C'était le roi Grallon, en chasse avec sa suite, et qui, égaré depuis plusieurs heures, ressentait vivement l'aiguillon de la faim. Ce monarque dut laisser échapper une légère grimace à l'aspect du maigre menu de Corentin; — mais celui-ci, confiant en Dieu, se fit fort de lui donner à manger, à lui et à toute sa cour. Il alla à la fontaine et en tira l'autre moitié du poisson, qui se multiplia à l'instant, de manière à rappeler les plus beaux temps de la mer de Tibériade. Grallon dit alors :

— Voilà le pasteur qu'il faut à mes sujets.

Et il l'emmena avec lui.

Depuis, Grallon et saint Corentin sont restés étroitement liés dans la mémoire des habitants du pays de Cornouailles. Si le saint a donné son nom à la cathédrale de Quimper, la statue équestre du roi, en manteau flottant, se profile encore aujourd'hui, vénérable et pittoresque, sur la plate-forme qui relie les deux tours.

La seconde épigramme contre Quimper-Corentin est du fait de Piron. — La Fontaine et Piron! Au moins ne sont-ce pas là d'obscurs gouailleurs! Reprenant en sous-œuvre une mystification connue, Piron a placé dans *la Métromanie* un bonhomme de cinquante ans qui envoie au *Mercure* des vers datés de Quimper-Corentin et signés d'un nom de femme. Damis, à cette lecture, s'éprend de cette muse et prétend l'épouser. Voici la scène où le valet Mondor interroge son maître :

MONDOR.

De qui parlez-vous donc, monsieur!

DAMIS.

D'une Sapho,
D'un prodige qui doit, aidé de mes lumières,
Effacer quelque jour l'illustre Deshoulières;
D'une fille à laquelle est uni mon destin.

MONDOR.

Où diable est cette fille?

DAMIS.

A Quimper-Corentin.

MONDOR.

A Quimp...

L'enthousiaste Damis coupe court à sa surprise en lui montrant un numéro du *Mercure* qui contient un « Sonnet de mademoiselle Mériadec de Kersic, de Quimper en Bretagne, à monsieur Cinq-Étoiles. »

> Ton esprit aisément perce à travers ces voiles
> Et voit bien que c'est moi qui suis les Cinq-Étoiles.

La ville de Quimper-Corentin ne protesta pas plus contre la comédie de Piron qu'elle n'avait protesté contre la fable de La Fontaine. Mais elle dut s'étonner de cette circonstance, et murmurer en elle-même : « Je ne me croyais pas si plaisante que cela! » Il était clair qu'à Paris on la regardait comme une partie du globe extrêmement éloignée, quelque chose comme Tombouctou.

Il n'y avait cependant pas longtemps que Quimper avait dépêché à ces railleurs un de ses plus terribles enfants, — un matois, expert lui aussi au jeu de l'épigramme et de la satire, — Fréron, pour le nommer. Mon Dieu, oui! Fréron est né à Quimper-Corentin, tout bêtement; il a été élevé à Quimper-Corentin, chez les Pères Jésuites, qui y avaient un très-beau collége, et c'est de Quimper-Corentin qu'il est parti pour cette longue et implacable croisade contre les philosophes, qui a duré plus de trente années. Il ne fallait pas moins qu'un Breton pour cette lutte prodigieuse avec Voltaire ; lutte qui eut toute l'Europe pour spectatrice, et où l'avantage et l'honneur ne furent pas toujours du côté du géant de Ferney.

Quimper a le droit de se montrer fière de Fréron. J'ai étudié autre part l'œuvre et la vie du célèbre critique ; je ne pourrais que me répéter en confessant ma sympathie et mon estime pour son talent. — L'auteur de *l'Année littéraire* quittait de temps en temps Paris pour venir se refaire dans sa ville natale, où il avait des intérêts de famille et d'argent. Il s'y maria même avec sa cousine, Anne Royou, — de ces Royou qui continuèrent sa tâche monarchique et religieuse.

Il se peut encore aujourd'hui que les beaux esprits de cabinet et les vaudevillistes s'attardent à plaisanter Quimper-Corentin. Heureusement que nos artistes et nos poëtes modernes ont un autre point de vue. Leleux et Luminais y sont allés chercher des toiles imprégnées du meilleur sentiment de la nature. Brizeux y a trouvé des chants pour son livre des *Bretons*, dont je veux citer ici un fragment, un tableau de foire, qui remplacera à merveille les descriptions que je pourrais tenter.

C'est aujourd'hui qu'il va du monde vers Kemper !
Des montagnes, des bois, du côté de la mer,
Hommes en habit bleu, femmes en jupe noire,
On ne voit que des gens s'en allant à la foire.
Il en vient de partout. Gelé pendant la nuit,
Sous le pied des bestiaux, le chemin retentit.
Que de vaches, de bœufs, de petites charrettes,
De pesants limoniers secouant leurs sonnettes !
Place à ces jeunes gens qui passent au galop !
Place aux filles allant modestement au trot !
Et charrettes, bestiaux ou chrétiens, cette foule
De toutes les hauteurs vers la ville s'écoule. —
Tant de gens sont venus au marché des jours gras,
Qu'à peine dans Kemper on pourrait faire un pas.

...Nous, vers le champ de foire, allons ! Le nombre augmente
Et la bruyante ruche en plein midi fermente.
A peine ce matin on pouvait faire un pas,
Le plus fort maintenant ne peut ouvrir les bras.
Cependant nul marché ne tient que si l'on tape
Dans la main, et que l'autre à son tour y refrappe ;
Il faut fendre la presse, et dans un cabaret
Boire ensemble, ou l'accord mal formé se romprait.
Durant une heure, — ainsi l'usage le demande, —
Pour un verre de cidre on chicane, on marchande,
Durant tous ces débats, les génisses, les veaux
Sont là, roulant leurs yeux et tendant leurs naseaux.
On tire leurs jarrets, on trait les pis des vaches ;
Les taureaux en fureur font claquer leurs attaches.
Mille gens, mille bruits. O peuples de Corré,
Vaillants hommes de Scaer, Loc-Ronan, Plou-Aré,

Vous n'avez rien perdu des anciennes coutumes ;
Nos pères connaîtraient leurs fils à leurs costumes ;
Vous la portez encor, la braie aux plis flottants,
Et vos grands cheveux bruns, longs depuis trois mille ans !

J'abrége avec regret. La cohue et le tumulte vont *crescendo*. Les gendarmes et les conscrits entrent dans la bagarre. C'est un tohu-bohu d'une vérité sans égale ; on entend crier le papier.

Finissons-en avec cette idée de ridicule attachée, on ne sait pourquoi, au chef-lieu du Finistère. Dans un séjour d'une semaine, je n'ai pu apprécier complétement le caractère de ses habitants, mais je sais qu'il réunit toutes les qualités de loyauté et d'humanité. Lorsque après la journée du 31 mai les représentants du peuple Pétion, Barbaroux, Guadet, Buzot, Louvet et plusieurs autres se répandirent dans les départements, dénoncés, poursuivis, traqués, ils ne trouvèrent d'asile sûr qu'à Quimper. Il faut lire, dans l'ouvrage de Louvet : *Quelques notices pour l'histoire et le récit de mes périls*, il faut lire l'expression brûlante de reconnaissance pour les braves gens qui ne craignirent pas de lui offrir, ainsi qu'à ses collègues, l'hospitalité de leur propre maison, — et cela au risque de leur liberté et de leur vie. — Ils firent plus, ils procurèrent aux fugitifs un bâtiment qui, après mille dangers, les conduisit à Bordeaux.

Des *villes comiques* comme cela, donnez-m'en beaucoup !

IX

LYON

I

Jérôme Coton.

« *Surtout, n'oubliez pas d'aller voir Jérôme Coton !* » m'avait-on dit, en apprenant que je partais pour Lyon. J'avais pris un peu à la légère cette recommandation, et j'en perdis tout à fait la mémoire dans les huit premiers jours qui suivirent mon arrivée. Mais lorsque j'eus vu tout ce que Lyon enserre (expression de Jean-Baptiste-Rousseau) ; lorsque j'eus accompli mon pèlerinage de Notre-Dame de Fourvières ; lorsque j'eus suivi les opérations militaires du maréchal de Castellane ; lorsque j'eus visité les métiers de la Croix-Rousse ; après avoir mangé des becfigues au chalet du parc de *la Tête d'Or*, et des queues d'écrevisses à la sauce Nantua au café de Lyon ; après être allé admirer au musée les fleurs de Saint-Jean et de Berjon ; après avoir pressé la main de Joséphin Soulary, en son bureau de la Préfecture ; après avoir applaudi le ténor Wicart dans *le Prophète;* après surtout avoir fait ma visite obligée à ces hommes éminents, Louis Perrin et Aimé Vingtrinier, qui continuent la tradition des illustres imprimeurs lyonnais, je me rappelai le nom de Jérôme Coton.

Il me restait cependant encore bien des choses à voir, si j'avais dû m'en rapporter à une pancarte pendue au mur de ma chambre d'hôtel, signalant à « MM. les voyageurs, comme digne de leur attention, » le tombeau de la fille d'Young, auteur des *Nuits,* situé dans les jardins de l'Hôtel-Dieu. — Tout ce qu'on voudra, mais pas Young ! — La même pancarte, passant du lugubre au riant, indique la Roche-Cardon comme une délicieuse promenade : « Rien d'aussi frais que ce vallon, qui fut le confident *muet* des rêveries amoureuses de Jean-Jacques. »

Que dites-vous de ce confident *muet ?*

Insensible aux séductions de la pancarte, je me mis à m'enquérir de Jérôme Coton, et, quelques jours après, j'avais recueilli sa légende, que je donne ici comme véridique et sincère.

Jérôme Coton, qui s'intitule lui-même « le premier mime de France, » est le doyen des acteurs lyonnais. Ce n'est pas qu'il soit très-vieux : soixante-cinq ou soixante-huit ans. Il est sec, de mine patibulaire, la voix caverneuse et prophétique. Sous le premier Empire, il fut soldat au 102ᵉ de ligne, « régiment de la Fourche ». La paix le rendit à ses foyers et à sa truelle, car Jérôme Coton est plâtrier de naissance (et aujourd'hui encore il se charge volontiers de quelques petites *bricoles*) ; mais déjà le mélodrame avait ravagé cette âme naïve ; *Hariadan Barberousse* et *l'Homme de la Forêt-Noire* lui étaient apparus pendant son sommeil ; il ne rêvait que de forteresses assiégées, de donjons en ruines, de chaumières isolées ; il plaçait le plaisir dans un manteau sombre, le bonheur dans une lanterne sourde, le paradis dans la tour du Nord. Il croyait toujours se réveiller au bruit d'un signal, et machinalement il cherchait ses pistolets sous son oreiller...

Enfin Jérôme Coton céda à la voix secrète : il s'engagea. Il fut tour à tour *Palmerin d'Angleterre, Abelino ou l'Homme à trois visages, Tékéli*,

Monbars l'Exterminateur; il fut ce qu'il est encore maintenant, l'incarnation la plus complète du mélodrame. Il joua pendant quelques années aux Célestins et courut la province dans un rayon d'une cinquantaine de lieues.

La nouvelle rue de l'Impératrice, dans son parcours, a coupé en deux la galerie de l'Argue, juste à l'emplacement qu'occupait un petit théâtre, que je ne saurais mieux comparer qu'au théâtre de la rue de la Tour-d'Auvergne, à Paris. C'était là que Jérôme Coton avait fini par s'installer, avec une troupe à lui, recrutée dans le peuple ; c'était là qu'il avait tenu haut et ferme le drapeau du mélodrame, qu'il avait lutté contre les envahissements du vaudeville et de la comédie, se bouchant les oreilles au seul nom de Scribe, et allumant régulièrement ses flammes de Bengale entre onze heures et minuit.

Directeur, régisseur et acteur, on conçoit combien sa triple activité avait de quoi s'exercer. Aussi n'était-il pas rare de le voir s'interrompre au milieu d'une tirade pour aller augmenter ou diminuer la lueur du quinquet ; oublier son rang de grand maître des chevaliers de l'ordre Teutonique pour murmurer à la cantonade : « *Apportez-moi donc le fauteuil de velours !* »

Non-seulement Jérôme Coton a été tout ce que nous venons de dire ; non-seulement il a parcouru tous les cercles de l'enfer dramatique, le plus complet des enfers, à dire d'experts ; mais encore il lui était réservé d'être... décor. Oui, décor. Il manquait un pont dans une *action militaire* ; on s'en aperçoit au dernier moment ; ce pont est indispensable. Eh bien ! c'est Jérôme qui fera le pont ; il se jette à plat ventre, et son corps simule le trait d'union entre les deux rives, peu distantes l'une de l'autre...

Pends-toi, Rosambeau ! tu n'aurais pas imaginé celle-là.

Prenez Doyen, prenez Ricourt, vous n'arriverez jamais à la conviction, à la passion, à l'enthousiasme de Jérôme Coton. Son théâtre de la galerie de l'Argue démoli, il en construisit un autre à la Guillotière, qui n'eut pas une longue existence. Voûté par l'âge, mais non vaincu, c'est aujourd'hui dans les environs de Lyon, à Roanne, à Saint-Étienne, qu'il promène les idoles de Caigniez, de Cuvelier et de Pelletier-Volméranges. De temps en temps aussi, il obtient la permission de donner une représentation au théâtre des Célestins. Ce jour-là est un jour de joie pour une partie de la population lyonnaise ; on entre en chantant dans la salle ; on applaudit *devant que les chandelles soient allumées,* car Jérôme Coton est aimé, Jérôme Coton est adoré ; il n'y a pas pour lui assez de fleurs et de battements de mains. Dès qu'il paraît, l'intimité la plus touchante s'établit entre le public et lui. « Bonjour, Coton ! — Bravo, Coton ! » Ce sont des interruptions toutes cordiales, mais qui ne respectent pas la pièce représentée : « Coton, ne l'écoute pas, c'est un traître ! Ne crois pas ce qu'il dit ; il t'a abîmé tout à l'heure, Coton ! repousse sa poignée de main ! »

Quelquefois Jérôme Coton essaye de protester ; il réclame le silence : « Messieurs, vous paralysez mes moyens, dit-il en s'avançant vers la rampe. — C'est vrai ! Tu as raison, Coton ! Bien parlé, Coton ! Nous allons nous taire ! Silence là-bas ! ». Et les trépignements de recommencer de plus belle.

Dans une pièce militaire, *la Chaumière hongroise* ou *l'Espionne russe,* je ne sais au juste, le drapeau français a été enterré sous la neige. Arrive Jérôme Coton. A tous ses avantages Jérôme Coton joint le désagrément d'une vue très-basse. Il cherche le drapeau, il s'incline, il ne trouve rien. Les spectateurs lui viennent en aide : « Pas par là, Coton ! Par ici ! A gauche ! Au pied de l'arbre ! Tu y es, Coton ! »

Une autre fois, il a un poulet à manger. Le voilà qui s'installe devant sa table. Il attaque le poulet, mais le couteau glisse ; il recommence et n'est pas plus heureux : « Tu ne vois donc pas que le poulet est attaché ? lui crie-t-on ; coupe la ficelle, Jérôme ! »

Il n'y a pas longtemps, Jérôme Coton jouait à l'Alcazar *la Mort de Turenne*. C'était lui qui faisait Turenne, — parbleu ! Il entrait en scène, avisait un jeune conscrit : « Tu vas te poster devant cette avenue, par laquelle doit déboucher l'armée ennemie, et tu nous préviendras quand il en sera temps ! » O mâle candeur des héros ! Turenne s'en va, se frottant les mains. Resté seul, le conscrit fait signe à une vivandière, avale successivement plusieurs verres de brandevin, devient galant et tourne le dos à l'armée ennemie. Elle arrive, l'armée ennemie, elle tire sur le conscrit, qui riposte de son mieux. A ce bruit, nos soldats accourent, Turenne en tête, et dissipent facilement les étrangers. « Tu as sauvé ta patrie ! dit Turenne au jeune soldat. —

Mais non, mais non, Coton ! fait le public, se récriant, il n'a rien sauvé du tout ; c'est un fainéant ! Il caressait la vivandière ! — Tu as sauvé ta patrie, continuait Turenne, faisant la sourde oreille ; et je vais te décorer sur le champ de ta bataille. » Ce disant, Jérôme Coton se mettait en mesure de détacher sa propre croix ; mais sa maudite vue nuisait à la rapidité de son jeu.

LE PUBLIC. — Ne te presse pas, Coton ! Défais le nœud bien tranquillement ; n'arrache rien, Coton ! nous avons le temps.

Poursuivons notre *Cotoniana*.

JÉRÔME COTON, *levant les bras au ciel*. — Suis-je assez infortuné !... fragile jouet du destin... tout conspire contre moi !

LE PUBLIC. — Mais non, Coton, tu te montes le coup !

JÉRÔME COTON, *armé jusqu'aux dents*. — Cesse de me braver, jeune téméraire... Ne sais-tu pas quel est mon pouvoir en ces lieux ? Ignores-tu donc que ton trépas peut entraîner ta perte ?

LE PUBLIC. — Pas possible, Coton !

LE TYRAN. — Allons, qu'une fête brillante couronne cette journée ; que les danses se forment sous mes yeux, et que mes échansons versent le vin dans les coupes... A ta santé, Spalatro !

LE PUBLIC. — Ne bois pas tout, Coton, ça te ferait mal!

JÉRÔME COTON, *errant dans la chapelle abandonnée*. — J'entends tinter minuit à l'horloge du vieux château.

L'HORLOGE. — Une.

LE PUBLIC, *en chœur*. — Une.

L'HORLOGE. — Deux.

LE PUBLIC. — Deux !... Plus vite, donc !

L'HORLOGE. — Trois.

L'horloge s'arrête au nombre sept.

LE PUBLIC. — Eh bien ! Coton, et la suite ? Nous n'avons pas notre compte ! Elle est dérangée, ton horloge, Coton ; c'est une patraque...

JÉRÔME COTON. — Cachons-nous derrière cet arbre pour épier notre victime au passage. Elle est loin de me savoir si près.

LE PUBLIC. — On te voit, Coton ! l'arbre est trop petit!

JÉRÔME COTON. — Que Sacripanti tarde à paraître ! Qui peut le retenir? (*Il allonge la tête*.)

LE PUBLIC. — Coucou !

C'est ordinairement le samedi saint que la direction des théâtres met la salle des Célestins à la disposition de Jérôme Coton et de *sa troupe*, — car les acteurs pensionnaires ont depuis longtemps décliné l'honneur de partager les ovations décernées au premier mime de France.

Jérôme Coton brille donc sans rival ce soir-là ; il change plusieurs fois de bottes molles, il se bat à *l'hache*, en mesure ; il danse l'anglaise avec un bâton.

Jérôme Coton ne laisse à aucun autre le soin de rédiger ses affiches ; il y fait un cours d'histoire à propos de chaque mélodrame. Les amateurs lyonnais conservent ces monuments d'une jovialité spéciale. Il m'en a été communiqué quelques-unes. Je transcris celle-ci :

> THÉATRE DE LA GALERIE DE L'ARGUE
>
> Aujourd'hui Mercredi 11 octobre 1854
>
> AU BÉNÉFICE DE M.
>
> ## JÉROME COTON
>
> plus ancien des artistes de la cité lyonnaise.
>
> Grand spectacle extraordinaire, composé de
>
> ## COELINA
>
> OU L'ENFANT DU MYSTÈRE
>
> Mélodrame en trois actes et en prose, par feu Guilbert de Pixerécourt, surnommé à Paris et en province *le Voltaire du beau mélodrame.*
>
> Cet ouvrage sera orné de chants, danse, pantomime, et d'un dénoûment qui surprendra agréablement le spectateur. — PREMIER ACTE : La Révélation. Arrivée de Truguelin ; soupçon ; préméditation d'un meurtre. Un ange veille ! La menace. — DEUXIÈME ACTE : Les Fiançailles. Francisque Humbert ; sa lettre ; terreur ; mariage rompu ; séparation ; douleurs. Le docteur. — TROISIÈME ACTE : Fuite de Truguelin ; désespoir ; repentir. Le meunier d'Arpennaze. L'hospitalité ; la cicatrice ; effroi ; arrestation de l'assassin. Mystère dévoilé ; joie générale. Tableau de satisfaction.
>
> M. JÉROME COTON remplira le rôle de Francisque Humbert, qu'il a recréé au théâtre des Célestins en 1817.

L'année suivante, c'est à Tarare que Jérôme Coton se transporte ; il y joue, le 5 mai 1855, *Napoléon à Sainte-Hélène, ou la Mort du grand homme*, par M. Dupeuty. Voici, selon son habitude, comment il explique cette pièce : « Cet ouvrage a été créé sur le théâtre de la Porte-Saint-Martin ; trois cents représentations (incontesté) attestent son prodigieux succès, ainsi qu'à Lyon, où ce chef-d'œuvre poétique n'a cessé d'attirer la foule, et cela est à la connaissance d'un grand nombre d'habitants de Tarare, qui ont fait le voyage pour aller admirer, sous les traits de Gobert et de Prudent, le grand homme qui, malgré les injustices qu'on lui fit éprouver, son dernier soupir fut pour la gloire de nos armes et la prospérité de la France, sa mère patrie, qui disait en quittant son beau rivage : *Adieu, belle France, terre des braves ! Moins de traîtres dans ton sein, et tu serais encore la reine du monde !...* »

Il va sans dire que c'est Jérôme Coton qui remplissait le rôle de Napoléon, ou plutôt qui le *recréait*, selon son ingénieuse expression. Il terminait le spectacle par *le Parleur éternel*, et madame Jérôme Coton chantait (je copie toujours l'affiche) les *Souvenirs du jeune âge*, du *Pré aux Clercs*, musique d'AUBER. — Dans cette même ville de Tarare, il annonçait un grand éclairage *pyrotechnique et amphibologique*. — Je n'irai pas plus loin, on croirait que je charge.

Lors d'une de ses dernières apparitions aux Célestins, il joua *Robert, chef de brigands.* Nous ne voulons pas nous répéter, mais imaginez tout ce qu'on peut accumuler sur une affiche de quatre pieds de haut : — *La tour infernale.* — *Délivrance du vieillard ; la Nature a brisé ses liens.* — *Rosinski soupçonné.* — *Pardon général pour Robert et ses compagnons, terminé par un grand tableau d'indulgence.*

Cette fois, très au courant des habitudes de ses spectateurs et se méfiant de leur enthousiasme, il crut devoir imprimer cet avis : « Jérôme Coton prie avec instance ses compatriotes et les étrangers qui embelliront par leur présence la jolie bonbonnière du théâtre des Célestins, de ne pas applaudir pendant le cours de cette représentation toute philanthropique, qu'à la fin des actes, si cela leur convient; il le répète pour la deuxième fois, cela entrave la marche des ouvrages et des artistes qui se sont réunis à lui. S'en remettant aux bontés et connaissances des habitués de nos deux scènes, il ne doute pas d'un seul instant qu'ils accueilleront favorablement sa demande. Il est, d'un public éclairé, le très-dévoué et respectueux serviteur. »

On avait raison de me recommander Jérôme Coton ; c'est le dernier chapitre d'une histoire oubliée et qui n'a jamais été faite : l'histoire du mélodrame. Après lui, il ne restera plus rien d'un genre si longtemps fameux.

II

Guignol.

Un de mes étonnements, en arrivant à Paris, fut de voir, dans les Champs-Élysées, la plupart des baraques de Polichinelle décorées du nom de *Guignol*. Je n'avais pas été préparé à cette confusion, ou à cette transformation de type, et j'en conçus beaucoup d'inquiétude. Machinalement je prenais la route de l'Arsenal pour me renseigner auprès de Nodier, lorsque je me rappelai que Nodier était mort. On me dira peut-être qu'il était facile de m'adresser aux montreurs de marionnettes eux-mêmes ; mais cela était trop facile, en effet. Les moyens naturels répugnent aux curieux.

Il s'écoula donc quelque temps avant que je susse ce que c'était que Guignol ; j'avais fini par croire que c'était le nom du propriétaire de ces baraques. Combien de Parisiens encore plongés dans la même ignorance à ce sujet! Enfin un hasard, je ne sais plus lequel, m'amena à cette découverte : que Guignol était une marionnette originaire de Lyon, moderne, ne ressemblant à aucune autre, ni par le langage, ni par le costume, — l'incarnation grotesque de l'ouvrier en soieries appelé *canut*.

Ce premier point obtenu, le reste allait tout seul. Mon plan d'enquête fut circonscrit aux Lyonnais de ma connaissance, près desquels ma curiosité trouva amplement à se satisfaire. Et mon voyage à Lyon, entrepris avec cette préoccupation, m'a définitivement mis en mesure de me constituer l'historien et le poëte de Guignol.

—

L'homme qui, dans un temps aussi troublé que le nôtre et aussi dévoré de soucis industriels, a la puissance de créer une marionnette et de l'imposer à son époque, cet homme-là me paraît aussi fort que Prométhée. Songez-y donc : une marionnette, une marionnette nouvelle ! au xixe siècle ! Je ne sais pas d'audace comparable à celle-ci. Vous trouverez vingt types de comédie avant de trouver une formule de marionnette. Puis, une fois la marionnette inventée, la faire admettre, la faire connaître, la faire entrer dans nos habitudes et dans nos mœurs ; mieux que cela, lui assigner son rang parmi les autres marionnettes, les grandes, les consacrées, les classiques ! Voilà le surprenant, l'incroyable, l'impossible ! Après le génie, le tour de force !

Cet homme s'est trouvé cependant, et l'éternelle gloire de Lyon sera de lui avoir donné naissance. Il s'appelait Mourguet ; il était enfant du peuple, colporteur, marchand de chansons ; mais, avant tout et surtout, il avait la marionnette infuse. Tout petit, — je parle de quelques années avant la Révolution de 1789, — il s'amusait à organiser des représentations à une fenêtre du quatrième étage de la rue des Prêtres. On se tromperait si l'on allait s'imaginer qu'il inventa tout d'un coup la figure de Guignol. Il n'en était alors qu'au simple Polichinelle. Lorsqu'il eut âge d'homme, il fonda une baraque sur le

cours Morand, et, plus tard, au jardin Chinois.
Mais le jardin Chinois, où étaient installés aussi
des chevaux de bois et des petits spectacles de
danse, ne *travaillait* que pendant la belle saison. Les hivers, Mourguet les passait à Vienne et
aux environs ; il y donnait des soirées de Polichinelle. Son théâtre était vite dressé dans l'arrière-boutique ou le salon : quatre piquets et la
traditionnelle toile à carreaux rouges en faisaient
tous les frais.

A cette époque, Mourguet sentait déjà vaguement s'agiter quelque chose dans son cerveau ; il
éprouvait ces maux de tête qui précèdent toujours
l'enfantement des Pallas. Un caprice du public
le jeta dans sa voie. Le public, injuste envers les
marionnettes comme envers les hommes, se lassa
un jour de Polichinelle et manifesta son ingratitude par ce mot local : « *C'est guignolant!* »
Mourguet demeura calme sous l'affront. Il avait
son projet. Peu de jours ensuite on vit apparaître
une singulière petite marionnette, couverte simplement d'une veste et parlant comme on parle
dans les faubourgs de Lyon. Il l'avait baptisé du
nom de Guignolant. Les spectateurs auraient pu
prendre fort mal cette plaisanterie, qui était
tournée à peu près comme une épigramme ; ils

furent ravis. A un certain moment, Guignolant, armé d'un bâton, s'approcha de Polichinelle, et, du premier coup, il le fit voler en éclats. Un mouvement de stupeur courut parmi la foule, qui comprit aussitôt que *le grand Pan était mort*. Polichinelle, en effet, était bien et dûment assommé ; et, à partir de ce jour-là, il ne reparut plus sur la scène.

Ce drame avait lieu en 1818.

Le nouveau fantoche, que l'on appela Guignol par abréviation, devint bientôt l'idole du peuple lyonnais, dont il reproduisait l'accent et les gestes. Mourguet avait de la verve, et, sans avoir lu Aristophane, il s'en appropriait heureusement certaines audaces. Ce n'était pas assez d'avoir créé Guignol, il fallait encore lui donner des compères, un entourage qui ne fût pas celui de Polichinelle ; la révolution devait être complète jusqu'au bout. Alors furent trouvés Gniafron et la Madelon, dont je parlerai tout à l'heure.

Aucun genre de succès ne manqua à Mourguet. Passant à Lyon, Talma voulut le voir, Talma voulut le féliciter. Mourguet ne fut point ingrat envers la gloire ; depuis longtemps il songeait à assurer le sort de sa création ; toute sa famille avait été élevée dans le respect et l'amour de Guignol ; il fit souche d'*impresarii*, formant et désignant comme ses successeurs son fils d'abord, et ensuite son gendre Josserand. Le café du Caveau sur la place des Célestins, — où un transparent éclaire encore aujourd'hui le nom de Guignol, — a été le théâtre de leurs représentations fameuses.

Je ne veux pas chercher comment l'esprit de concurrence se mit un jour au sein de ce trio. Lyon apparemment n'était plus assez grand pour contenir Guignol, car Josserand, donnant l'essor à son ambition, prit en 1832 la route de Paris. Il se montra au boulevard du Temple et aux Champs-Élysées ; il alla même à la cour de Louis-Philipppe, où on le demanda. Ce fut ainsi que s'accomplit à Paris, comme elle s'était accomplie à Lyon, l'usurpation du royaume de Polichinelle par Guignol, usurpation qui, plus tard, devait tant m'étonner. Voilà donc un point d'histoire fixé.

Aujourd'hui Mourguet est mort, Josserand est mort, mais Guignol vit toujours ; on le retrouve dans tous les quartiers de Lyon. Là où la tradition s'est conservée le plus fidèlement et plus complétement, c'est dans l'ancienne rue Écorche-Bœuf (les Lyonnais prononcent Corche-Bœuf), à présent rue du Port-du-Temple. Entrez vers huit heures du soir au numéro 16, à l'hôtel du *Cheval noir;* suivez une assez longue allée et tournez à droite : vous vous trouverez dans un café, au fond duquel se dresse un petit théâtre. L'orchestre est figuré par un piano, que tient un aveugle.

Le spectacle commence, mais Guignol ne paraît pas tout d'abord. Ce sont des scènes d'ombres chinoises, des féeries ambitieuses. On boit et on fume dans la salle. A dix heures, il se fait un certain mouvement parmi le public, tout composé d'éléments populaires. La toile se relève pour Guignol : Guignol est en scène ; le voilà avec son petit serre-tête noir, terminé par une queue ou *sarsifis* en demi-cercle, avec sa veste marron à boutons blancs. Il salue par hauts-le-corps brusques et courts; son visage est absolument dépourvu de nez, particularité étrange ! On doit supposer qu'il l'a usé à force d'en taper le rebord du théâtre pour scander son débit.

Guignol parle *canut,* et l'on rit. Il n'est pas

aisé de donner une idée de l'accent *canut*, accent
traînard, plein d'inflexions doucereuses, caressantes, hypocrites même ; avec des *o* et des *a* démesurément circonflexes : une *sâlle*, une *tâble;*
puis, des terminaisons vives, dans le goût bordelais. Quant au vocabulaire *canut*, une mosaïque d'argot, de patois, de néologismes à dérouter
Francisque Michel.

Guignol *bambane* (il flâne), en attendant son
ami et compère Gniafron ; on entend celui-ci
chanter un refrain bachique dans la coulisse ;
on le voit : il a d'épais favoris, un vaste chapeau
tromblon presque blanc. C'est un savetier, comme
l'indique son nom, un savetier toujours en proie
au *soifement*. Point de bonnes parties, point de
bonnes *fripes* pour Guignol sans Gniafron, et
réciproquement. Je ne répondrais point de la
parfaite moralité de ces deux amis ; ils se prêtent
assez volontiers un coup de main à l'occasion,
comme dans *le Déménagement*, une des pièces
classiques de leur répertoire.

J'ai dit : leur répertoire. Il y a répertoire, en
effet ; grandes et petites pièces, en un, deux et
trois actes. Les plus fameuses sont :

Guignol avocat.　　　　*Guignol revenant.*
Guignol dentiste.　　　　*Guignol magicien.*

Guignol dans la lune.   *Le marchand d'anguilles.*
Guignol en Chine.   *La botte de paille.*
Le marchand de veaux.   *Tape sur moi.*
Tu chanteras.   *Turlupiton.*
La moutarde de Dijon.   *Les frères Kock.*
La théière.   *La racine merveilleuse.*
La redingote.   *Les couverts volés.*
La tête de cochon.   *L'alchimiste.*
Le marchand de picarlats.   *Le pot de confitures*, etc.

Ces petites pièces sont fort gaies ; une d'elles, qui passait la permission, *la Redingote*, a dû être défendue. Tous les Lyonnais vous la diront, — entre autres Berthelier, Pierre Dupont, Pailleron. Il s'agit d'un quiproquo roulant sur une redingote et une fille. *Guignol avocat* a dû également être rayé du tableau. D'autres scènes, telles que *le Marchand de picarlats* (les *picarlats* sont des fagots), ont une saveur de terroir ; on voit Guignol amenant son âne chez un perruquier, pour que celui-ci lui accommode la *mustache* et la *muche*. Naturellement le perruquier refuse. « Ah ! tu ne veux pas le raser à babord ? eh bien, tu le raseras à tribord ! » s'écrie Guignol en retournant l'animal.

—

J'ai retrouvé *l'Habitant de la Guadeloupe*, ce beau et naïf drame de Mercier, dans *les Frères*

Kock, du répertoire de Guignol. Jérôme Kock, parti tout jeune pour *les grandes Indes*, revient à Lyon avec une fortune colossale ; il n'a rien de plus pressé, comme un bon cœur qu'il est, que de s'informer de ses deux frères. Il s'adresse justement à Gniafron, toujours entre deux vins, selon son habitude ; il apprend de lui que Kock l'aîné est devenu notaire ou *gribouillon*, mais que c'est un homme dur et avare, un caractère vaniteux. « Et le cadet ? demande Jérôme avec appréhension, le connaissez-vous aussi ? — Si je le connais ! répond Gniafron, nous avons fait nos *étuves* ensemble. — Quelle profession exerce-t-il ? — Il est bijoutier sur le genou. — Dites-moi où il demeure ? s'écrie Jérôme. — Là, monsieur. — Comment, dans une maison d'aussi chétive apparence ? — Pas d'apparence ! dit Gniafron ; une maison de six étages ! — Je n'en vois que deux. — C'est qu'il y en a quatre d'enterrés. »

Jérôme Kock, plein d'émotion, veut aller frapper à la porte de son frère ; Gniafron l'arrête pour le prévenir que Kock cadet a été forcé par la misère de changer de nom, et qu'il s'appelle Guignol aujourd'hui. C'est Kock le notaire qui, choqué du voisinage d'un savetier, lui a donné cent écus en échange de ce sacrifice. Jérôme remercie Gniafron de ses renseignements et l'engage à venir le voir à l'hôtel de l'Europe. « L'hôtel de l'Europe ! s'écrie Gniafron, j'y suis reçu à bras ouverts ; j'y ai-t-un de mes amis qui rince la vaisselle ; je peux vous présenter à lui. — Merci, réplique Jérôme en souriant, j'ai mon valet de chambre. — Il a-t-un valet, murmure Gniafron ; moi, j'en ai quatre dans mon jeu de cartes. »

Resté seul, Jérôme le millionnaire recommence la double scène de *l'Habitant de la Guadeloupe* et se présente tour à tour incognito chez ses deux frères. Le notaire l'éconduit brutalement. Guignol, au contraire, manifeste le plus cordial empressement. « Vous venez m'apporter des nouvelles de Jérôme, dit-il ; ah ! le bon garçon ; quand il n'avait que trente sous, il m'en donnait toujours quarante ! » Cédant à son attendrissement, Jérôme se fait alors connaître ; la surprise et la joie éclatent chez Guignol de la façon la plus comique : « Ah ! mon Dieu ! c'est vous... c'est toi, grande bête... que je t'embrasse, mon pauvre vieux... Louison ! Louison !... Comment, c'est toi, *avéque* des manchettes et un *bugne à trois lampions !* (un chapeau à trois cornes). Que veux-tu que je te fasse ? Fumes-tu ? Veux-tu que je t'envoie chercher du tabac? Non... Louison, jette-toi dans les bras de ton oncle! Vois comme il est *floupé* (bien mis)!... Mais tu dois avoir faim? Qu'est-ce que tu veux pour la *chiquaison?*... Je me rappelle qu'autrefois tu aimais les gras-doubles... Embrasse-moi donc! Il faut que je te fasse un ressemelage soigné... Louison, apporte la forme numéro huit... tu seras *canant* (très-beau). »

Voilà la note de la nature, on ne peut qu'admirer et s'incliner.

—

Une autre parade non moins réjouissante est *Guignol dentiste*. Au lever du rideau, Guignol et Gniafron s'abordent avec tristesse; ils sont sans *pécuniaux*, c'est-à-dire sans argent, et ils avisent au moyen de déjeuner.

GUIGNOL. — Vois-tu, Gniafron, la *tailleuserie* et la *savaterie*, ça ne va plus; nous devrions changer de métier.

GNIAFRON. — Quel métier pourrions-nous bien faire, mon ami *Chignol?*

GUIGNOL. — Mettons-nous marchands de vin.

GNIAFRON, *indigné*. — Marchands de vin! Est-ce que ça se vend le vin ? Si t'en avais, tu le vendrais donc ?

GUIGNOL. — Et qu'en ferais-tu, toi ?

GNIAFRON. — Je le boirais ; mais le vendre, jamais !

On discute sur le choix de plusieurs professions.

— Fais-toi dentiste! s'écrie Gniafron, comme inspiré.

— Je ne connais pas la *dentisserie*, répond Guignol ; mais toi qui connais tout, pourquoi que tu ne te fais pas dentiste ?

— Pourquoi ? parce que pour être un bon dentiste il faut avoir beaucoup de toupet, et que tu as une dose de menterie *que* se porte bien.

— Oh ! par exemple ! réplique Guignol.

— Alors pourquoi donc que tu m'as dit l'autre jour qu'étant allé te promener au bois de la Roche-Cardon tu avais trouvé un nid de lièvre où il y avait dix œufs dedans ?

Suit un assaut de bourdes plus énormes les unes que les autres, à la façon de M. de Crac et du baron de Munchhausen. Guignol consent à passer pour dentiste auprès d'un vieux bonhomme dont la mâchoire a dérouté l'art de tous les praticiens.

— Je lui ferai croire que tu es un *docqueteur* qui vient de très-loin, dit Gniafron.

— C'est ça ; fais-moi venir de la Gouape-qui-loupe (la Guadeloupe) ; tu m'appelleras Chigna-Chilus, né à Saint-Symphorien-d'Ozon, département du Haut-Rhin, canton du Cantal, et le Puy-de-Dôme par-dessus.

— Bravo ! dit Gniafron, et tu parleras latin.

— Mais s'il le connaît, objecte Guignol, il verra que je ne le sais pas.

— Je lui dirai que c'est un latin étranger.

Le vieux arrive, le menton enveloppé dans un mouchoir, poussant des *hélas !* à chaque parole. Guignol veut être seul avec lui pendant l'*opérance*. Voici l'interrogatoire auquel il commence par le soumettre :

GUIGNOL. — Ouvre le portail, vieux. (*Il l'étend sur le rebord du théâtre, et lui ouvre la bouche.*)

LE VIEUX. — Oh ! là ! là ! que vous me faites mal !

GUIGNOL. — Ce n'est rien ; si je ne vous *dégrabole* pas cette dent-là, je veux que le diable vous emporte. Quel âge avez-vous ?

LE VIEUX. — Soixante-trois ans.

GUIGNOL. — Avez-vous été marié ?

LE VIEUX. — Trois fois.

Guignol. — Avez-vous des enfants?

Le Vieux. — Trois.

Guignol. — Combien faites-vous de repas par jour?

Le Vieux. — Trois.

Guignol. — Êtes-vous riche?

Le Vieux. — Trois cent mille francs.

Guignol. — Où demeurez-vous?

Le Vieux. — Rue des Trois-Carreaux.

Guignol. — A quel étage?

Le Vieux. — Au troisième.

Guignol. — Tout par trois! Eh bien, je vais vous guérir en trois coups. Attendez. (*Il sort et revient avec un bâton.*) D'abord, une légère friction le long de la colonne *vertébroque*. Vous cracherez quand je dirai : Trois. Y êtes-vous?

Le Vieux. — Oui.

Guignol. — Une! (*Il lui donne un coup de bâton.*) Deux! (*Même jeu.*) Trois! Crachez. (*Le vieux tombe.*) Est-elle tombée?

Le Vieux. — C'est ma tête qui est tombée; mais la dent n'a pas bougé de place.

Guignol. — Nous allons recommencer.

Le Vieux. — Non pas, non pas; vous finiriez par m'assommer. Le derrière de la tête me fait à présent plus de mal que le devant.

Guignol. — J'ai votre affaire. (*Il va chercher un pistolet.*)

Le Vieux. — Ne plaisantez pas avec cet instrument!

Guignol. — Voyons, tenez-vous tranquille. (*Il le place contre une coulisse et va se mettre à l'autre extrémité.*)

Le Vieux. — Mais vous allez me tuer!

Guignol. — N'aie pas peur, ganache. (*Il vise, le coup part et le vieux tombe. Guignol lui extirpe une immense dent de cheval.*) Je crois bien que vous deviez souffrir; c'est un vrai nid de sauterelles. Faites m'en cadeau, elle servira de girouette à mon château.

Tout le monde est accouru au bruit de l'explosion; on félicite Guignol, et le vieux lui demande ce qu'il réclame pour une aussi belle cure.

— Cent francs, dit hardiment Guignol.

— Ce n'est pas assez, en voilà trois cents, répond l'opéré.

— Trois cents francs! Venez que je vous en arrache une autre!

Je m'arrête; j'en ai dit assez, je crois, pour faire attribuer désormais à Guignol sa part d'importance dans l'histoire des marionnettes, c'est tout ce que je voulais.

—

Hommes graves ! hommes graves ! ne vous étonnez point du zèle et de la conviction qui ont présidé à cette étude. Je respecte vos rêveries devant un chiffre, devant un marbre, devant une plante, devant un insecte ; respectez mes rêveries devant un pantin. Allez à la Bourse, hommes graves ! Allez au Palais, allez à la Douane, allez à la Sorbonne, je vous comprends et je vous approuve. Moi, comme le Wilhem Meister de Gœthe, je demeure accoudé sur cette table de café, dans la fumée, devant ce petit théâtre, au bruit de ce piano...

X

AMIENS

A Jean Riant! — C'est l'enseigne d'un cabaret situé en bas d'Amiens, au coin de la rue de la Barette et sur le bord de la Somme. *A Jean Riant!* Et tout invite à entrer dans cette maison, dont la pierre a été peinte en vert, ainsi que cela se pratique pour la plupart des cabarets du Nord. Du reste, on adore la couleur verte à Amiens, tout le témoigne : la rue du Puits-Vert, la rue des Verts-Moines, la rue des Verts-Aulnois, l'hôtel du Vert-Soufflet.

Au milieu d'un cadre de feuilles vertes, — des feuilles de vigne, naturellement, — un peintre local a représenté le type inconnu de Jean Riant sous les traits d'un énorme compère en manches de chemise, au teint rubicond, aux lèvres entr'ouvertes, et dont les cheveux hardiment blonds ont cette crêpelure, indice de la passion et de la force. Il tient un verre dans sa main. Au-dessus de cette peinture, qui n'est pas plus naïve qu'il ne faut, on lit cette indication : AMÉDÉ, DÉBITANT.

Mais que m'importent Amédé et son débit ! C'est à Jean Riant seul que je viens rendre hommage.

Quand je m'arrête dans le cabaret de Jean Riant, je monte au premier étage. De la fenêtre, je vois la Somme, à qui ses nombreux et haut peupliers donnent des reflets si verts et si profonds. Ces peupliers font avec leurs belles feuilles métalliques et luisantes un tapage continuel : ils s'inquiètent, ils s'étonnent, ils se penchent les uns vers les autres comme pour se consulter ; puis ils éclatent, ils se tourmentent, ils sanglotent. L'eau les laisse dire, et coule lentement en charriant des légumes.

— Garçon ! une bouteille !

Je fais comme Jean Riant; je lève mon verre, et je suis heureux. Je ne pense pas, je me contente de la sensation. J'envoie mes yeux se promener tout là-bas, au fond de ces épaisses masses d'arbres qui interrompent l'ho-

rizon ; et ils y vont en compagnie de ma rêverie.
Comme ils se trouvent bien sous ces allées
touffues! Les nuages, où tant de gens cherchent leurs idées, me plaisent moins : d'abord,
ils sont si blancs qu'ils me font cligner des
paupières; j'aime mieux les voir couler dans la
Somme.

Le temps est superbe, mais le vent est un peu
fort ; je ne m'en plains pas : cela rafraîchit mon
front et disperse mes cheveux. Devant moi, un
jeune officier pêche à la ligne. La rivière est par-
ci par-là un peu abîmée par les teinturiers, qui
sont en grand nombre à Amiens. — Au lointain, tout est marais et tourbières; les cultivateurs vont de l'une à l'autre de leurs maisonnettes dans un bateau étroit et long; chacune
de ces maisonnettes a un potager où resplendissent des tournesols magnifiques, où s'étalent des nappes de cresson qui font frissonner d'aise, où verdoient des choux énormes
avec de larges feuilles (conçoit-on que ces
choux-là recèlent un si joli et si tendre petit
cœur)! Tout cela est charmant à examiner
du cabaret de Jean Riant. C'est la Venise maraîchère.

Je ne parle pas de ces innombrables ponts de

bois, — joie du paysage, — non plus que des grandes roues de moulins qui battent l'eau. Il n'y a rien de tel que les environs d'Amiens pour cette variété d'aspects. Quel dommage qu'il n'y vienne pas de vin, n'est-ce pas, Jean Riant?

Voilà les peupliers d'en face qui font un vacarme prodigieux : il va pleuvoir. Plus affermis sur leurs troncs, les petits arbres fruitiers des jardins voisins ne bougent pas, eux, et se moquent du vent. Mais, échevelés et flexibles, les acacias se donnent à tous les diables, ils se lamentent, ils se tordent par toutes leurs branches...

Adieu le soleil; il recule devant le vent et se voile. Pour moi, je ne m'en soucie guère. A ta santé, Jean Riant, joyeux patron de ce gîte picard, bonne face, grosse santé, belle humeur, Bacchus du peuple! Que j'aie longtemps pied alerte et longue soif, et je te promets sonores litanies ! Jean Riant, protégez-nous! — Jean Riant, étoile du port (en amont), brillez sur nous! — Éloignez de nous, Jean Riant, les trois plus épouvantables fléaux du monde : la fièvre, la guerre et l'amour! — Je m'arrête, car il faut des rimes à cette litanie, comme il faut des clochettes d'or à une haquenée de reine ; des rimes qui aient le son et la couleur, la couleur du rubis, le son du cristal. Hélas! pour oser tenter une pareille œuvre, je ne suis encore que Jean Souriant.

XI

BORDEAUX

I

Entrée en matière.

Bordeaux! ce nom éveille immédiatement une idée de grandeur, de magnificence, d'orgueil. Une forêt de mâts et de pavillons se dresse tout à coup aux regards; on aperçoit de vastes rues, bordées de maisons hautes, larges, imposantes, sculptées avec faste, et qui sont les hôtels d'une aristocratie commerciale. Il semble qu'on connaisse Bordeaux avant de l'avoir vu; c'est une des villes qui réalisent le plus complétement l'image qu'on s'en est formée.

J'ai passé à Bordeaux la première partie de ma jeunesse, et j'en veux parler pendant quelques pages, d'abord pour obéir à ce besoin d'évocation dont tout homme est saisi à moitié de sa carrière; ensuite, parce que le Bordeaux d'aujourd'hui est bien différent du Bordeaux d'autrefois. Que voulez-vous! Trente ans, vingt ans même suffisent dans notre époque à transformer entièrement une cité, mœurs et physionomie, habitants et maisons.

Dès le IV⁰ siècle, Bordeaux avait rang parmi les villes célèbres. Son enfant, le poëte Ausone, devenu consul à Rome et gouverneur du fils de l'empereur Valentinien, parle d'elle en ces termes : « Depuis longtemps je me reproche un impie silence, ô ma patrie, toi, grande par Bacchus (*vous voyez, déjà!*), célèbre par tes fleuves, tes grands hommes, les mœurs et l'esprit de tes citoyens, et la noblesse de ton sénat! »

Il trace ensuite un tableau de Bordeaux, plein de lignes majestueuses : « Bordeaux est le lieu qui m'a vu naître; Bordeaux, où le ciel est clément; où la terre, fécondée par l'humidité, prodigue ses largesses; où sont les longs printemps, les rapides hivers et les coteaux chargés de feuillage. Son fleuve qui bouillonne imite le reflux des mers. L'enceinte carrée de ses murailles élève si haut ses tours altières, que leurs sommets aériens percent les nues. On admire au dedans les rues qui se croisent, les maisons bien alignées et la largeur des places; puis les portes qui répondent en ligne directe aux carrefours, et, au milieu de la ville, le lit d'un fleuve alimenté par des fontaines. Lorsque le père Océan l'emplit de son reflux, on voit la mer tout entière s'avancer avec ses flottes. »

A part les hautes murailles, dont il ne reste aucun vestige, on pourrait croire ce tableau signé d'hier.

Mais ce n'est pas le Bordeaux d'Ausone que je prétends évoquer, — non plus que le Bordeaux de Huon, du prince Noir ou des deux Sourdis. Peut-être aurais-je aimé à m'arrêter sur la période brillante du gouvernement du duc de Richelieu, et, le loisir aidant, j'aurais essayé de reconstruire une société bordelaise toute d'opulence et d'éclat.

Du plus loin qu'il m'en souvienne, je revois un Bordeaux que j'appellerai le *Bordeaux gascon*, et dont les traces n'existent plus guère. Je revois des femmes d'une haute stature, couronnées de coiffes géantes, droites et carrées; ce sont les matrones du Grand-Marché et du marché des Récollets, — ou plutôt du marché des Grands-Hommes, pour me conformer aux dénominations révolutionnaires. Ces amazones de la marée avaient pour petits noms : Cadiche, Cadichonne, Seconde. Elles parlaient un patois vivement accentué, qui me fut toujours singulièrement agréable, et où revenait souvent le fameux *quésaco*. A cette époque, on avait les oreilles si généralement frappées par ce patois, dans les rues, dans les boutiques, que tout le monde le comprenait, — si tout le monde ne le parlait pas.

Le patois bordelais a eu son poëte dans le boulanger Verdié, bien avant que le patois agenais ait eu le sien dans le coiffeur Jasmin ; *Meste* Verdié demeurait rue Pont-Long, c'était entre deux fournées de *choines* et de pain *cô* qu'il rimait ses récits populaires, d'une gaieté un peu salée.

Il faut avoir entendu un Bordelais de la vieille souche réciter, avec l'accent et le geste indispensables, *le Retour de Guillaoumet dans ses foyers* :

    Lou binte-dus octobre, après abé bregnat,
    M'aribat un cousin en habit de sourdat.
    Lou counechéby pas denpuey quatorze annades
    Que quitet lou peïs per chégue les armades.
    ... Té! té! dissury jou ; quoi ! c'est toi, Guillaoumet?
    Qui t'aouré counéchut dàm aquet grand plumet !

Ce Guillaoumet revenu de la guerre est un

drôle qui récompense son cousin Bernat de son hospitalité en séduisant sa femme, la Mariote. Cette narration burlesque fut si bien accueillie lors de sa publication, que le boulanger-poëte se crut obligé de lui donner plusieurs *suites*. Ce fut d'abord la *Catastrophe affruse arribade à meste Bernat ou sa Séparation dam Mariote*, et, peu de temps après, l'*Arribade de Guillaoumet dens lous anfers* :

> Que bedy? qu'es aco? tant de focs et de flammes!
> Es aco lou séjour oun descenden las ames?

Tel fut le succès de l'odyssée de Guillaoumet qu'il se rencontra des gens pour l'attribuer à M. de Martignac, ce Maurepas girondin. C'était la mode alors à Bordeaux de tout attribuer au sémillant avocat, coupable d'ailleurs de plusieurs vaudevilles et de quelques autres œuvres légères et anonymes, introuvables, dit-on, — mais que je retrouverai. Le pauvre Verdié fut désolé de se voir disputer sa gloire; il n'en *patoisa* pas moins jusqu'à la fin de ses jours. A la série des Guillaoumet il faut joindre : *Bertoumiou à Bourdeou ou lou Peysan dupat*; *Antony lou dansaney ou la Rebue des Champs Elyseyes de Bourdeou*; *lou Sabat daou Médoc ou Jacoutin lou debinaeyre dam Pia-*

rille boussut, etc., etc. — Ce sont des petits cahiers de huit, douze ou seize pages, qui se vendaient aux ficelles des étalagistes, moyennant deux ou trois sous.

La plus caractéristique de ces compositions, à mon avis, est un dialogue intitulé : *Cadichoune é Mayan ou les Doyennes dés fortes en gules daou marcat*, dialogue épicé comme un kari, chapelet de tropes poissards, et pouvant soutenir la comparaison avec les *bouquets* les mieux assortis de Vadé. J'ai vu jouer *Cadichoune é Mayan* sur le théâtre dit de Gilotin, que remplace aujourd'hui le Gymnase. — Quelque chose de hideux, cet ancien théâtre Gilotin, à l'intérieur comme à l'extérieur ! — C'étaient deux hommes qui représentaient les deux doyennes ; je laisse à penser s'ils s'étaient affublés de coiffes démesurées !

Elles ont donc disparu peu à peu, les grandes coiffes ; les dernières se sont réfugiées autour de l'église Saint-Michel, ce quartier de la vieille artisanerie. Encore quelque temps et on ne les retrouvera plus que dans les spirituels dessins de M. de Galard, un des premiers propagateurs de la lithographie à Bordeaux (avec Goya). C'est là aussi qu'il faudra aller chercher ces grisettes dont la renommée fut pendant si longtemps européenne, ces jolies filles qui formaient une population à part dans la population; race fine, petite, brune, aux cheveux lisses sur le front et au chignon enveloppé dans un foulard de couleur éclatante. Aujourd'hui le bonnet a tout à fait détrôné le foulard, cette délicieuse importation créole.

Voilà pour mon *Bordeaux gascon*, quant aux costumes et au langage. Les rues, les édifices, à présent transformés et qui se lient à la même époque, ne sont pas moins présents à ma mémoire. Sans remonter au Tourny planté d'arbres et dont la physionomie offrait, à ce qu'on rapporte, un caractère autrement amusant que de nos jours, — je puis accorder un regret au Jardin Public, que j'ai vu si ombreux, si solennel, avec ses tilleuls centenaires, ses taillis profonds, ses pelouses et sa terrasse d'un si noble style. Les jeudis et les dimanches, tout un peuple d'écoliers s'abattait dans ses herbes hautes et autour des chevaux de bois. Les militaires y faisaient l'exercice le matin; d'autres fois, c'était une classe de tambours qui assourdissaient les échos. Aux heures embrasées de l'après-midi, quelques comédiens y venaient apprendre leurs rôles à l'ombre. La galanterie y avait aussi ses droits, comme vous le pensez bien ; le crépuscule amenait avec lui son cortége d'ombres indécises et de couples aux mains entrelacées. — Ce Jardin Public-là n'existe plus ; ses ombrages ont été remplacés par des parterres, fort élégants et fort peu mystérieux.

J'ai connu la Bastide, lorsque la Bastide n'était qu'un riant village ; j'ai suivi, à travers les plus jolies guinguettes du monde et les plus délicieuses maisons de campagne, le chemin fleuri qui allait vers la Souys. Ce chemin a été remplacé par un autre, tout le long de la berge, droit comme un I.

Mais ma pitié pour les arbres m'éloigne un peu de Bordeaux, j'y rentre. Quelque sympathie que j'éprouve pour le passé, je n'en suis pas cependant à regretter le fort du Hâ, cette abjecte prison. Peu m'importe qu'on ait rayé de mon *Bordeaux gascon* ce monceau de pierres et de fer, cette ruine laide et noire, pleine seulement des souvenirs du terroriste Lacombe.

Je ne prends pas aussi facilement mon parti de la métamorphose de la rue Sainte-Catherine, — *cette principale artère de notre cité*, comme ne manquait jamais de dire feu *l'Indicateur*, le journal-Prudhomme de Bordeaux. (*L'Indicateur* disait aussi en parlant des membres du conseil municipal : *nos édiles.*) — La rue Sainte-Catherine actuelle porte dans son long parcours l'empreinte de l'esprit moderne, froidement pratique et ingénument positif, l'esprit d'un siècle sans architecture, ce qui sera la grande insulte que l'on jettera plus tard au xixe siècle. La rue Sainte-Catherine actuelle est claire, propre, d'une régularité irréprochable; elle fait très-bien sa partie dans le chœur des grandes rues neuves de Paris et de Lyon, auxquelles elle ressemble en tous points.

L'ancienne rue Sainte-Catherine était tortueuse, sombre, étroite, elle changeait dix fois de physionomie et de nom dans sa route; elle allait d'abord cahin-caha jusqu'à la place Saint-Projet; là, le désordre s'emparait de ses pas; elle s'engouffrait dans un petit passage, dégringolait une ruelle pour aboutir à la fontaine du Poisson-Salé; elle devenait la rue du Cahernan, et, jouant des coudes à droite et à gauche, elle débouchait sur les fossés des Carmes, qu'elle traversait. Elle s'enfonçait alors dans le quartier israélite et s'intitulait la rue Bouhaut. — Oh! ce quartier et cette rue! je voudrais rendre l'impression étrange qu'ils m'ont laissée ; je voudrais donner une idée de ces grandes maisons sévères, aux fenêtres toujours closes, aux cours à galeries superposées et ouvertes. Le bas de ces maisons était presque uniformément occupé par des boutiques de marchands d'habits, de ces boutiques encombrées et profondes où les juifs excellent à faire la nuit. Des noms d'origine espagnole ou portugaise s'étalaient fièrement sur les enseignes : Chimène, Léon, Mendès, Rodriguez, Nunez, Lopez, Diaz, etc. Chaque maison était exhaussée de cinq ou six marches sur lesquelles jouaient et criaient des enfants singulièrement nombreux. Toute une population reconnaissable à ses yeux perçants, vieillards à barbe blanche, jeunes filles à chevelure noire, se pressaient, circulaient dans cette rue Bouhaut, appelée familièrement par ses habitants eux-mêmes *le canton* ou *la nation*, et qui était le centre du quartier israélite, si considérable et si important à Bordeaux, à toutes les époques.

Au bout de la rue Bouhaut était la place Saint-Julien, où avaient lieu les exécutions capitales. Ce théâtre sanglant faisait le pendant du Grand-Théâtre, situé à l'autre extrémité de la rue Sainte-Catherine. — Grâce à Dieu, ne m'y étant jamais trouvé au petit jour, je n'ai rien à raconter de ses légendes sinistres...

Je désirerais en finir avec les rues avant d'arriver aux hommes. Or, ma mémoire est semblable elle-même à un carrefour où je me sens attiré de tous les côtés. C'est la rue du Puits-de-Bagne-Cap, qui me veut dire son fabliau du basilic; c'est la rue des Argentiers et la rue des Bahutiers qui essayent de m'induire en moyen âge; c'est la rue Saint-James, pleine des souvenirs de la domination anglaise: c'est la rue des Ayres, où il n'y a que des fleuristes; la rue Bouquière, où il n'y a que des tourneurs tabletiers; la rue Bouffard, où il n'y a que des cordonniers; c'est la rue Victoire-Américaine, avec sa double rangée de maisons uniformes et fières; ce sont des rues aux noms plus bizarres les uns que les autres : la rue des Trois-Canards, la rue Maucoudinat, la rue Tombe-Loly, la rue Arnaud-Miqueu, la rue Cache-Cocu, (aujourd'hui rue Sainte-Eugénie), la rue du Grand-Cancéra et la rue du Petit-Cancéra, la rue de la Grande-Taupe et la rue de la Petite-Taupe, la place Colombe, le chemin de Terre-Nègre, la rue Coupe-Gorge; — derrière le cimetière de la Chartreuse. Horreur!

Ce sont les Allées d'Amour, terminées d'une façon si romantique par le porche de Saint-Seurin, les Allées d'Amour qui me disent : « Ingrat! n'auras-tu pas un mot pour nous dans ta nomenclature? Nous t'avons vu bien souvent, en une certaine année où tu semblais prendre à tâche de justifier notre nom; tu passais régulièrement à la même heure, entre chien et loup; tu te dirigeais vers la rue des Religieuses, puis tu revenais sur tes pas, lentement, tournant la tête, t'arrêtant jusqu'à ce qu'un bruit de feuilles réveillées t'annonçât la présence de la personne attendue. Pour nous avoir oubliées, il faut que tu aies trouvé à Paris d'autres Allées d'Amour[1] ! »

Hélas!

Et le bon vieux palais Galien, cette ruine ennuyée, perdue au milieu des échoppes, s'affaissant chaque jour et s'en allant en poussière ! Le palais Galien, ce reste misérable d'une chose immense et splendide ! Des fragments d'arceaux briquetés et durement cimentés s'en voyaient

---

[1]. Mon digne ami le docteur Vénot m'écrit pour m'apprendre que les Allées d'Amour doivent être orthographiées : *allées Damour*, du nom d'un chanoine. — Tant pis! je ne détruirai pas ma période.

encore, de distance en distance, encastrés dans les murailles des maisons de la rue Fondaudége.

— Je ne saurais mieux comparer ces débris qu'aux Thermes de l'hôtel de Cluny.

Quant au théâtre...

II

Séjour de Molière à Bordeaux. — La Grange-Chancel. — Les salles de spectacle avant Louis.

M. G*** s'exprima de la sorte :

— Je suis le doyen des habitués du Grand-Théâtre de Bordeaux, et accessoirement du Théâtre-Français. Vous souriez de l'espèce de vanité que j'apporte dans cette déclaration. C'est moi qui porte constamment une calotte de velours noir ; et c'est moi aussi que l'ouvreuse est parfois obligée de venir réveiller, quand la rampe est éteinte.

Je n'ai pas toujours dormi comme maintenant ; vous allez vous en apercevoir. J'ai eu longtemps des yeux très ouverts et des oreilles très-attentives ; c'est de moi que date l'expression locale :

Écouter le ballet. Si je ferme les yeux aujourd'hui, c'est pour revoir mes vieilles et chères connaissances.

Je ne suis pas un savant, mais j'ai de la mémoire; et, puisque vous voulez bien faire appel à mes souvenirs, je vais essayer de grouper quelques épisodes, de raviver quelques portraits.

Vous ne me trouverez pas très-ferré sur les origines de l'art dramatique dans notre ville.

La présence de Molière à Bordeaux, avec la troupe de la Béjart, est une tradition généralement admise. On cite l'excellent accueil qu'il reçut du duc d'Épernon, gouverneur de la Guienne; on indique dans la rue Montméjean le théâtre où il donna ses représentations; on rappelle que c'est là qu'il fit jouer son premier essai tragique, *la Thébaïde*, et l'on ne cherche point à dissimuler l'insuccès de cette œuvre. Ces affirmations ont été enregistrées et acceptées par tous les biographes de l'illustre comique [1].

---

[1] Pourtant, il s'est trouvé dernièrement, à Bordeaux même, un homme très-honorable et très-sincère qui a essayé de contester la valeur de ces renseignements. Dans une *Histoire des théâtres de Bordeaux*, M. A. Detcheverry, archiviste de la mairie, élève des doutes sur le passage et le séjour de

Je sais avec plus de certitude que la Grange-Chancel, préludant à ses trop véhémentes *Philippiques*, écrivit chez nous, et dans l'âge le plus tendre, ses premières tragédies.

Au xviii° siècle, deux acteurs qui devaient tenir une place estimable à la Comédie-Française,

Molière. De ce que, dans les dossiers relatifs au gouvernement du duc d'Épernon, il n'a rencontré ni quittance ni enregistrement théâtral, M. Detcheverry est bien près de conclure au rejet de la tradition.

En pareille matière cependant, il faut compter pour quelque chose la tradition, surtout lorsque, comme ici, elle ne sert aucune opinion et n'est utile à aucune caste. A défaut des pièces officielles que réclame M. Detcheverry, il est d'autres documents qui ne sont pas sans autorité. Je crois à deux voyages de Molière à Bordeaux, et peut-être à un troisième. Je vais dire les raisons sur lesquelles je m'appuie.

On sait que Molière quitta Paris en 1646 pour exploiter la province avec une troupe dirigée par Madeleine Béjart. Vers quelle ville importante se dirigea-t-il d'abord? Bordeaux réclame, et sa réclamation semble fondée par la date de *Séjanus*, tragédie de Jean Magnon, — ce poëte excentrique qui se vantait d'avoir fait sept cent cinquante vers en moins de dix heures et qui mourut assassiné sur le Pont-neuf. *Séjanus* est dédié au duc d'Épernon (Bernard de Nogaret de la Valette). L'auteur rappelle en termes reconnaissants la protection accordée par Monseigneur à la troupe de la Béjart pendant son séjour à Bordeaux. Cette dédicace, imprimée en 1647, permet de supposer que la Béjart était à Bordeaux en 1646. Si la Béjart y était, Molière y était aussi. — Voilà pour le premier voyage.

Deux ans après, en avril 1648, on retrouve Molière en représentation à Nantes, ainsi qu'il résulte de pièces authentiques. On perd ensuite sa trace jusqu'à Narbonne, où sa présence, le 10 janvier 1650, est confirmée par un acte de baptême où il

Bellecour et d'Alainval, méritaient les applaudissements du public bordelais, réputé déjà comme très-difficile.

Vers la même époque, une de nos plus gracieuses compatriotes prenait son essor vers l'Académie royale de musique; c'était made-

figure en qualité de parrain. Mais entre Nantes et Narbonne, il y a Bordeaux ; M. Bazin et plusieurs autres historiens n'hésitent pas à déterminer jusqu'aux premiers mois de 1649, — époque des troubles de la Fronde, — le séjour que Molière dut y faire.

J'avoue qu'en ce qui concerne un troisième passage, je n'ai d'autre guide que l'ouvrage de M. Emmanuel Raymond : *Pérégrinations de Molière dans le Languedoc.* Il est vrai que c'est un des livres les plus riches en documents inédits. Voici comment s'exprime M. Emmanuel Raymond, après avoir signalé la rencontre de Molière avec Chapelle et Bachaumont à Carcassonne, au mois d'août 1656 : « De Carcassonne, la troupe de Molière se porta sur Castelnaudary, visita une seconde fois Toulouse, s'arrêta à Agen, et alla faire à Bordeaux le malencontreux essai de *la Thébaïde*, dont le président de Montesquieu a rendu compte. » (Entre parenthèses, j'ai vainement cherché ce compte rendu.)

Je borne là mes investigations, après lesquelles il me paraît difficile de croire que Molière *ne soit pas allé à Bordeaux.*

Le 14 janvier 1865, à l'occasion du deux cent quarante-troisième anniversaire de la naissance de Molière, Bordeaux s'est piqué d'honneur en faisant représenter sur son Théâtre-Français une comédie en deux actes et en vers, intitulée *Molière à Bordeaux.* L'auteur est M. Hippolyte Minier, un de ces poëtes et de ces sages qui se trouvent fort bien de la province où ils ont enclos leur ambition. Ce n'est ni sa première pièce, ni son premier succès. Les lettrés connaissent de M. H. Minier des satires extrêmement remarquables.

moiselle Fel, à qui Jean-Jacques Rousseau a consacré quelques lignes de ses *Confessions;* mademoiselle Fel, la maîtresse de Grimm, et qui créa le rôle de Colette dans *le Devin du village.*

Un assez grand nombre de salles de spectacle se succédèrent avant l'érection du fameux monument de Louis. J'étais trop jeune pour me les rappeler aujourd'hui. Je sais seulement que, tour à tour incendiées, elles n'ont laissé nulle trace ni dans la rue du Chai-des-Farines, ni sur la place de la Mairie, ni sur les fossés de l'Intendance, non plus qu'à la porte Dauphine, où elles furent situées.

L'ère dramatique de Bordeaux ne date réellement que de la fondation du Grand-Théâtre, par Louis.

III

Inauguration du Grand-Théâtre. — Beaumarchais. — Les cinq genres. Le Grand-Opéra. — Une Émeute. — Période révolutionnaire. — Lays. — La Pauvre femme. — Madame Catalani. — Madame Branchu. L'Opéra-Comique.

On a tout dit sur le Grand-Théâtre de Bordeaux, sur cette majestueuse œuvre d'art dont l'édification dura sept ans et coûta des millions ; c'est notre *régent*, à nous. Pourtant ce ne fut pas sans subir de longues luttes, sans endurer d'odieuses tracasseries, que Louis put mener à fin son monument. Un jour que Beaumarchais, de passage à Bordeaux, était venu le voir au milieu de ses échafaudages, le pauvre architecte lui confia ses chagrins et ses découragements.

— Allons, lui dit en riant l'auteur de *Figaro*, faisant allusion aux appareils de toute sorte qui l'environnaient, allons, en élevant cet édifice à ta gloire, ne t'attendais-tu pas à être encombré de *grues?*

Malgré cette apparence de plaisanterie, Beaumarchais s'intéressa sérieusement aux projets de son ami, l'aida de son influence, qui était grande, et de ses conseils, qui étaient bons ; ce fut même à cause de Louis que Beaumarchais resta à Bordeaux une partie de l'année 1778 ; il appliqua son imagination et son activité à la réalisation des fonds nécessaires pour l'achèvement de la salle ; — et ce diable d'homme, qui traînait en tous lieux le succès après lui, contribua vivement au triomphe définitif de Louis.

L'ouverture du Grand-Théâtre eut lieu solennellement le 8 avril 1780. On joua *Athalie*.

Cinq genres s'emparèrent de cette salle toute resplendissante : le grand opéra, la tragédie, la comédie, l'opéra-comique et le ballet.

Le grand opéra fut d'abord défrayé par Gluck et Piccini; je me souviens encore des magnifiques représentations d'*Armide*, où brillait la belle voix de mademoiselle Clairville, sans rivale dans les *rôles à baguette;* on désignait ainsi les rôles de fée et de reine. *OEdipe à Colone, Clytemnestre, Zoraïme et Zulnare, Anacréon chez Polycrate, Sargines, Gulistan, Montano et Stéphanie* m'ont fait passer des moments délicieux. Je crois encore entendre la voix de Donat, une des plus puissantes *hautes-contre* que l'on ait jamais connues. Aujourd'hui, les hautes-contre s'appellent des ténors. Pauvres ténors! en ai-je vu assez défiler devant cette rampe : Fay, Lecomte, Dumas, Tesseire, Ragueneau, Valgalier.

Trois ans après l'ouverture du Grand-Théâtre, c'est-à-dire en 1783, il y éclata une émeute considérable. Je vais vous la raconter dans ses détails. Gaillard et Dorfeuille étaient alors directeurs. Le parterre les demanda un soir, en criant qu'il voulait voir jouer *Castor et Pollux* par un acteur de Paris, alors de séjour à Bordeaux. Méconnaissant le vœu du public, les jurats défendirent aux directeurs de se présenter; ils allèrent même plus loin, et comme on insistait, ils firent baisser la toile sans avertissement et éteindre les lumières. Le parterre indigné cria beaucoup; il évacua la salle pourtant, mais la sortie fut si bruyante, que les jurats se crurent obligés de faire enlever un des cabaleurs et de le faire conduire à l'Hôtel de ville dans une voiture escortée du guet à cheval, le sabre nu.

Jusque-là, ce n'était rien, ou du moins c'était peu de chose.

Mais, le lendemain, les têtes avaient fermenté. On se rendit en foule au Grand-Théâtre, avec la résolution de ne point laisser jouer avant qu'on eût rendu à la liberté le jeune homme arrêté la veille, et que les directeurs fussent venus eux-mêmes présenter des excuses.

Les jurats avaient prévu ces dispositions et répandu en conséquence dans le parterre un grand nombre de *mouches* ou espions; reconnus, ceux-ci furent renversés et foulés aux pieds. Des valets de ville survinrent, et, le sabre au bras, tombèrent sur la jeunesse.

Un cri général d'indignation partit des loges,

des balcons et du parquet. « Tue! tue! » exclame-t-on de tous côtés; ces mots raniment les jeunes gens, et la soldatesque est repoussée. Mais ce triomphe ne leur suffit pas : il leur faut la délivrance du prisonnier, ainsi que la punition des directeurs. Dorfeuille paraît et essaye quelques soumissions; on les rejette. Alors un jeune homme se hisse sur les épaules d'un groupe, et fait défense à tout le monde de revenir au théâtre d'ici à trois mois.

A neuf heures et demie on se sépara; le spectacle n'ayant pas eu lieu, la recette dut être versée dans la caisse de l'hôpital.

Les jours suivants, trois mille personnes au moins, rassemblées sur la place, s'emparaient des avenues du théâtre, les barricadaient, empêchaient les abonnés d'entrer, chassaient la garde bourgeoise, et reconduisaient les femmes avec recommandation de ne plus revenir, si elles ne voulaient s'exposer à être fouettées.

Cette mise en interdiction ne pouvait durer longtemps. Malgré le privilége qu'avait la ville de se garder elle-même, M. de Fumel fit demander des troupes. Deux cents dragons arrivèrent. En outre, le parlement lança ses foudres et ordonna une instruction contre les séditieux.

Ces coups d'autorité firent renaître le calme, mais néanmoins on continua à ne pas aller à la comédie, excepté quelques capitaines de navire et quelques étrangers.

En fait de cabale, convenez que celle-ci est une des plus importantes que les annales dramatiques aient eu à constater [1].

En juin 1793, Lays donna douze représentations; mais notre municipalité, le considérant comme suspect de modérantisme, l'empêcha de continuer. Ce qu'il y a de plus curieux, c'est qu'après Thermidor, ce même voyage fut reproché à Lays, et qu'à Paris on l'accusa de s'être rendu à Bordeaux avec une mission du comité de Salut public.

Pendant quelques années les représentations furent plus orageuses que jamais; elles devinrent même sanglantes à l'époque de la réaction thermidorienne. Au commencement de 1795, l'acteur Compain fut massacré en plein théâtre. Il avait paru un instant au spectacle du Lycée des Arts, à Paris.

La réaction n'épargna pas les femmes. Madame Louise Fusil, engagée pendant cette même

---

1. Il faut toutefois placer au premier rang l'émeute de Marseille, arrivée en 1772 et remplie d'incidents épouvantables.

année pour remplir les Dugazon, a raconté dans ses *Souvenirs* la scène dont elle faillit être victime :

« Je jouais *la Pauvre femme*, opéra royaliste de Marsollier. Au moment où je m'écrie : *La Terreur ne reviendra jamais, j'en prends à témoin tous mes concitoyens!* on applaudit avec fureur et l'on cria *bis*. Je répétai avec un très-grand plaisir, et m'avançant sur la scène, je dis avec beaucoup d'énergie : *Non, la Terreur ne reviendra jamais!* A peine avais-je terminé cette phrase, qu'on me lança une pièce de monnaie en cuivre, appelée *monneron*, et presque aussi grosse qu'un écu de cinq francs ; elle me tomba sur la poitrine et me fit perdre l'équilibre. Fort heureusement, j'avais un fichu très-épais ; mais si je l'eusse reçue à la tête, j'étais tuée. On ne peut se faire une idée des vociférations et du tumulte que cela occasionna ; si l'on eût trouvé celui qui avait jeté ce *monneron*, il eût été écharpé. J'en éprouvai cependant beaucoup moins de mal qu'on ne pouvait le craindre ou qu'on l'avait espéré. On rejoua cette pièce le lendemain, et l'on peut penser combien je fus applaudie ; mais lorsque je redisais les mêmes phrases, je jetais involontairement un coup d'œil fugitif vers l'endroit d'où était parti le projectile. « N'ayez pas peur! me criait-on ; ils ne s'en aviseront pas! » En effet, tout se passa sans opposition. On rejoua plusieurs fois cette pièce, et chaque soir j'étais accompagnée par une foule de jeunes gens qui me suivaient jusque chez moi, dans la crainte qu'il ne m'arrivât malheur. M. Brochon, ami de Barbaroux et de M. Ravez, me reconduisit pendant longtemps. C'était un avocat d'autant plus estimé à Bordeaux qu'il avait été le défenseur officieux de plusieurs accusés dans un temps où cette noble mission n'était pas sans danger [1]. »

En 1806 (au mois d'avril, si ma mémoire me sert bien), la célèbre Catalani vint donner deux concerts qui révolutionnèrent Bordeaux. Je n'ai pas besoin de rappeler ici la prodigieuse étendue de sa voix ; nulle mieux qu'elle n'a mérité le surnom de *première chanteuse du monde*. Madame Catalani était, en outre, une fort belle personne, taille avantageuse, figure sympathique ; et, ce qui est très-rare, surtout chez les

---

[1]. *Souvenirs d'une actrice*, par madame Louise Fusil. Paris, 1841.

cantatrices italiennes, sa mise était d'une grande simplicité.

A son deuxième concert, le public ne laissa pas achever *Maison à vendre*, qui commençait la soirée. On demanda à grands cris madame Catalani; car on ne disait pas encore *la* Catalani : l'admiration n'empêchait pas le respect.

Le comédien Mayeur, dont je parlerai plus tard, et qui assistait avec moi, dans un coin du parterre, à cette solennité, improvisa la boutade suivante, qui parut le lendemain dans quelques journaux :

> De cette virtuose admirable, étonnante,
> Tout l'auditoire est dans l'enchantement.
> Hé! qu'a donc de si surprenant
> Sa belle voix que chacun vante?
> Un rossignol en fait autant.

Madame Branchu succéda, quelques mois après, à madame Catalani, et obtint un succès à peu près égal.

Toutes les célébrités du chant tiennent à honneur de venir se faire entendre sur notre scène : aussi n'en est-il pas une qu'il ne nous ait été donné d'applaudir, depuis mademoiselle Falcon jusqu'à madame Tedesco, depuis Nourrit jusqu'à Duprez.

L'opéra-comique, cette annexe du grand opéra, jouit d'une grande faveur à Bordeaux ; au nombre de ses meilleurs et de ses plus anciens interprètes, les noms de Moreau-Sainti et de Grignon arrivent tout d'abord sur mes lèvres. Est-ce ma faute, à moi, si mes plus vives sympathies sont pour le passé ? D'autres vieillards viendront, dans cinquante ans, qui vanteront à leur tour les jeunes talents d'aujourd'hui. Laissez-moi être de mon âge et me rappeler ceux qui furent jeunes en même temps que moi.

IV

La comédie et la tragédie. — Lecouvreur. — L'emploi des Turcs. — Richaud-Martelly, Perroud. — Romainville sur la table de dissection. — L'habit de Destorges. — Les mémoires de Lafon. — Ligier.

L'ancien répertoire semble avoir fourni sa carrière ; la tragédie est morte depuis Rachel ; la comédie agonise. Il fut une époque, cependant, où la scène bordelaise, fertile en sujets de premier ordre, rivalisait avec la Comédie-Française. C'était l'époque où elle se recrutait de Romainville, de Lecouvreur, de Richaud-Martelly, de Desforges et de Perroud.

Je n'ai pas eu le plaisir de voir Romainville; de l'aveu de tous ses contemporains, c'était un valet précieux, un Crispin rempli de feu et de mordant.

Lecouvreur, le financier, était l'ami de Lekain, de Monvel et de Molé, avec lesquels il avait joué souvent en province, et qui le tenaient pour un comédien supérieur. Ses commencements avaient été très-difficiles, et il aimait à les raconter : clerc de procureur dans une petite ville du Poitou, il quitta brusquement le tabouret de son étude pour se présenter chez M. Bernos, directeur d'une troupe ambulante. Lecouvreur n'était pas beau ; il avait les genoux un peu cagneux.

— Monsieur, lui dit le fier Bernos, avec des jambes comme les vôtres on ne peut pas représenter des héros.

— Je débuterai en Turc, répondit doucement Lecouvreur, dans Orosmane, Bajazet, Mahomet...

— Mais, monsieur, croyez-vous donc que j'aurai toujours des Turcs à vous donner ?

Néanmoins, le candidat insista avec tant

d'humilité, que M. Bernos consentit à le recevoir.

Si Lecouvreur n'avait pas de rival dans les financiers, Desforges (qu'il faut se garder de confondre avec Desforges, l'auteur de *la Femme jalouse*) était inimitable dans les paysans. Il jouait aussi dans l'opéra-comique, où il tenait l'emploi de Juliet, à qui je l'ai vu souvent préférer.

Richaud-Martelly avait conquis une très-belle réputation dans les premiers rôles de comédie, en dépit d'une tournure assez commune et d'un organe lourd; mais il faisait habilement servir ses défauts dans *le Misanthrope* et dans *l'Habitant de la Guadeloupe*. C'était, en outre, un homme de littérature; on lui doit principalement une pièce en cinq actes, *les Deux Figaro*, qui est imprimée.

Le premier comique était Perroud, qui, déjà à Paris, avait créé, en 1791, le rôle de Figaro dans *la Mère coupable*, au théâtre du Marais. Perroud avait commencé par le drame et la tragédie, et ce ne fut que très-difficilement qu'il se résolut à les abandonner; je lui ai vu représenter, le même soir, Pyrrhus dans *Philoctète*, et Brillant dans *le Mariage du capucin*; c'était en

1797 ou 1798. La comédie finit cependant par avoir le dessus, et ce fut tant mieux. Perroud joua à Bordeaux, de la façon la plus heureuse, l'*Auberge de Calais*, la *Revue de l'an VI*, le *Collatéral ou la Diligence à Joigny*. Il avait une singulière aptitude pour l'emploi des gascons, qui représentèrent longtemps, comme on sait, une spécialité au théâtre. Plus tard l'Odéon nous l'enleva définitivement.

De tous ces intelligents comédiens, deux seulement ont leur portrait dans le foyer du Grand-Théâtre : Romainville et Desforges.

Celui de Romainville est placé au-dessus de la cheminée. C'est un grand tableau sur fond noir, avec un quatrain en lettres d'or, où Romainville est qualifié de *Roscius des Français*. il est représenté en costume de Crispin, une jambe sur une table, l'autre posant à terre, la mine effarée. Cette posture est une énigme pour beaucoup de personnes. Il s'agit de *Crispin médecin*, comédie de Hauteroche. Crispin, surpris en rendez-vous chez le docteur Mirobolan, n'imagine rien de mieux que de se faire passer pour un pendu qu'on attend, et de se coucher tout du long sur une table de dissection. On conçoit les terreurs du malheureux Crispin, et l'on voit d'ici ses lazzis lorsque le docteur Mirobolan parle de l'ouvrir. C'est un de ces lazzis que le peintre a cherché à reproduire.

Le portrait de Desforges occupe le fond du foyer; c'est une toile fidèle et spirituelle. Une inscription rappelle le talent de l'acteur, en même temps que l'honnêteté de sa vie privée. L'habit de Desforges, le même qui a servi au peintre, est conservé comme une relique dans le magasin du théâtre.

Puisque nous en sommes sur le chapitre des portraits du foyer, mentionnons aussi ceux de Louis, de Blache père, maître de ballet, et de François Beck, chef d'orchestre. Cela fait cinq portraits en tout; ce n'est pas assez, il faudra en ajouter d'autres; et, pour ne pas sortir du grand répertoire qui nous occupe en ce moment, j'indiquerai tout de suite aux peintres bordelais deux de nos plus célèbres compatriotes, Lafon et Ligier.

J'ai été l'ami de Lafon, et, si je m'arrête un peu à vous en parler, vous m'excuserez, n'est-ce pas? L'*Achille gascon*, comme on l'appelait à Paris, aurait mon âge s'il vivait encore. Il fut un des soutiens du Théâtre-Français, vous vous en souvenez; et ses rivalités avec Talma ont amusé toute une génération, qu'elles ont divisée en deux camps. Lafon et ses partisans ne prononçaient jamais le nom de Talma ; ils disaient : *l'autre*.

Retiré aux Chartrons, dans sa vieillesse, le *Tancrède* des beaux jours de l'Empire avait beaucoup perdu de sa majesté ; il était devenu très-obèse, et il ressemblait à un forgeron énorme. Mais ce qu'il n'avait pas perdu, c'était le port de tête, l'ampleur du geste, et cette affabilité que tout homme intelligent gagne au contact habituel des chefs-d'œuvre et dans la fréquentation des personnages illustres.

Lafon a laissé des Mémoires, — quarante volumes environ ! — dont je m'étonne de ne pas voir paraître une partie. Ils ne peuvent cependant qu'être infiniment curieux, car leur auteur a vécu dans une période splendide, et il s'est trouvé mêlé à des événements trop romanesques pour n'être pas de l'histoire.

Quant à Ligier, cette autre célébrité de la tragédie et du drame, Ligier, qui a créé le Christian de *Clotilde* et le Triboulet du *Roi s'amuse*, il s'est éteint doucement dans sa jolie maison de la rue Ségalier.

V

La danse. — Dauberval et sa femme Théodore. — Leurs portraits dans les Landes. — Hus jeune. — Blache père. — Potier, danseur comique.

Si la musique est aimée à Bordeaux, on peut dire que la danse y est idolâtrée. Le premier maître de ballet et le premier danseur dont le Grand-Théâtre se glorifie est Dauberval; il fut engagé, avec sa femme Théodore, à vingt-huit mille livres par an, quelques années avant la Révolution, ce qui était un prix énorme pour l'époque. Dauberval était alors dans la force de l'âge et du talent. — Quelques mots sur ses antécédents vous intéresseront peut-être.

Dauberval avait eu pour maître ce bon Noverre, qui plaçait la danse au niveau de la philosophie, et qui écrivait de graves traités sur la portée sociale des entrechats. Noverre, lui ayant donné la théorie, le céda à Vestris, qui lui donna la pratique. Après avoir composé, dès l'âge de quatorze ans, des ballets pour les théâtres de Lyon et de Turin, Dauberval, qui était alors svelte et beau, débuta à l'Opéra dans le genre sérieux. Il y obtint des succès réels et qui, dit-on, franchirent même la rampe; car à cette époque les plus grandes dames, même celles qui avaient tabouret chez la reine, ne dédaignaient pas de prendre des leçons de danse auprès des zéphyrs de l'Opéra.

Au milieu de ses triomphes de toute espèce, la fatalité voulut que Dauberval devînt gros. Il maudit les dieux et l'Olympe, et il se résigna à l'emploi des comiques. L'amant de Flore se transforma en un Faune bruyant et aviné; le rire chassa le sourire. Ce jour-là, ce fut un grand scandale chez les duchesses et les maréchales *du côté cour;* en revanche, ce fut un grand bonheur pour l'art.

Garrick et Lekain le regardaient plutôt comme un comédien célèbre que comme un danseur. Il resta vingt ans à Paris, et mérita d'être appelé *le Préville de la danse*, — un beau et ingénieux surnom!

Maintenant, qu'est-ce qui valut à la scène de Bordeaux l'inappréciable privilége de fixer Dauberval depuis l'âge de quarante ans jusqu'à sa mort? Un ordre d'exil, simplement. Comme tous les grands artistes, Dauberval avait ses caprices :

il refusa de danser devant la reine. Le lendemain, il lui fallut quitter Paris.

Rendons grâce à ce hasard, car Dauberval doit être regardé avec raison comme le père de cette école de danse bordelaise d'où se sont élancées presque toutes les réputations aériennes de ce siècle. C'est de Bordeaux qu'il a daté cette composition si gaie de *la Fille mal gardée*, rêve de Florian, toile de Greuze, traversée par un rayon de la malice de Beaumarchais. Madame Dauberval y était ravissante dans le rôle de Lise, bien qu'elle commençât à être âgée. On la citait également dans l'Isaure de *Raoul Barbe-Bleue*, mais à des titres bien différents; car, dans ce dernier ouvrage, c'était le plus vif attendrissement qu'elle savait exciter.

Les autres ballets de Dauberval sont : *Télémaque, le Page inconstant* [1], *Amphion ou l'Élève des Muses, Psyché et l'Amour, Annette et Lubin*, et *le Déserteur*, où il remplissait le rôle de Montauciel.

---

1. *Le Page inconstant*, c'est le *Mariage de Figaro* mis en ballet à l'époque où le roi venait d'interdire la représentation de la pièce de Beaumarchais dans toutes les villes de province. Cette idée fut suggérée à Dauberval un jour qu'il dînait avec sa femme chez un des premiers négociants de Bordeaux; *le Page inconstant* eut un succès d'enthousiasme; vingt ans plus tard il fut joué à Paris, où il produisit le même effet.

L'explosion révolutionnaire permit à Dauberval de retourner à Paris, où il tint un salon renommé; mais il n'y resta que peu de temps; ses prédilections étaient définitivement acquises à Bordeaux. — Il y a quelques années, ayant résolu de faire le tour du bassin d'Arcachon, par terre, je m'arrêtai à Audenge pour me procurer une voiture. Audenge est un petit village à moitié englouti dans les sables. J'entrai chez le facteur de la poste, qui m'avait été indiqué comme étant le seul qui pût me fournir des moyens de transport pour Arès, où je voulais aller. Pendant qu'il attelait, mes yeux se portèrent sur deux médaillons gravés qui décoraient le mur; c'étaient les portraits de Dauberval et de sa femme, très-finement exécutés. Au-dessous du premier on lisait : « Jean Bercher Dauberval, né à Montpellier, le 19 août 1742. » Et cette inscription de Tibulle : « *Mille habet ornatus, mille decenter habet.* »

Au-dessous du second médaillon : « Théodore Dauberval, » et ces deux devises : « Ses talents séduisent, son esprit entraîne. — L'amitié seule peut apprécier son cœur. » Du reste, ni âge, ni lieu de naissance, sans doute par galanterie. Cette tête de Théodore, coiffée à l'antique, était d'un beau caractère.

Les deux portraits avaient été dessinés par Le Fèvre et gravés par Legoux.

Surpris, comme on le pense bien, d'une telle rencontre au milieu des Landes, j'appris du facteur que *monsieur* Dauberval avait possédé des terrains entre Audenge et Lenton. Et quels terrains, miséricorde ! Le cheval de voiture qui me les fit traverser s'y enfonçait jusqu'aux genoux. — C'était bien la peine, pensai-je, d'avoir été une des célébrités de l'Opéra et la coqueluche des grandes dames du xviiie siècle, pour venir sur la fin de ses jours s'enterrer mélancoliquement dans ces sables brûlants, pour voir s'écouler sa vieillesse dans un désert qui était vraiment le bout du monde; car, en ce temps-là, il fallait plus de deux jours pour se rendre de Bordeaux à Audenge!

Il est vrai de dire que Dauberval ne faisait pas de longs séjours dans ses bois de pins et dans ses champs de sable. Après avoir pris sa représentation de retraite, ennuyé de l'inaction, comme tous les vieux artistes, il se mit à voyager. Ce fut dans un de ses voyages, à Tours, qu'il mourut, âgé de soixante-trois ans, le 14 février 1805.

De l'école de Dauberval sont sortis Didelot, Auguste Vestris et mademoiselle Allard.

Hus jeune lui succéda sur notre scène, dans l'emploi rendu si difficile de chef de ballets. Il avait de la grâce et quelques idées. On lui doit : *l'Apothéose de Flore, les Hamadryades ou l'Amour vengé, les Jeux de Pâris au mont Ida*, et *Tout cède à l'Amour*. A cette époque commençait à se faire remarquer le danseur Albert, beau garçon, qui alla soutenir à l'Académie royale de musique la réputation de l'école de danse de Bordeaux.

De 1812 à 1817 environ, ce fut le règne de Blache père, règne glorieux et marqué par une multitude de ballets dignes d'entrer en comparaison avec ceux de Dauberval et de Gardel. Je ferais tressaillir le cœur de beaucoup de mes contemporains en leur rappelant : *la Chaste Suzanne, la Noce villageoise, Almaviva et Rosine, l'Amour et la Folie, Aaroun-al-Raschid ou le Calife généreux, les Filets de Vulcain, l'Amour au village, Glaucus et Scylla, Fulbert, ou le Petit Matelot*, et ces *Meuniers* qui durent encore, ces *Meuniers* qui dureront toujours.

Blache eut l'idée d'une innovation très-heureuse et qui devait réussir : il imagina de donner un rôle, dans son ballet d'*Almaviva et Rosine*, à Potier, qui jouait alors les comiques au Théâtre-Français ou théâtre des Variétés. Potier, dont le talent se pliait à tout, endossa la longue soutane de Basile et dansa même un pas avec la fringante Suzanne. Une autre fois, Blache père lui confia un personnage de bailli dans ses *Vendangeurs*, qui étaient le vaudeville de Piis et Barré, arrangé en pantomime.

Voilà mes meilleures soirées ! Ensuite vint Robillon, le facétieux ; puis, dans le genre gracieux, mademoiselle Angélique Martin, mademoiselle Bellon, madame Guy-Stéphan. Le ballet est toujours vivace chez nous ; et ma lorgnette, assidûment braquée sur l'horizon de la rampe, y voit chaque jour se lever de nouvelles constellations.

VI

Le Théâtre-Français. — Le Théâtre-Molière. — Le théâtre Maycur. — Le théâtre de la Gaîté.

Le Théâtre-Français était autrefois administré par la direction du Grand-Théâtre. Dans le principe, on y chantait l'opéra-comique, et l'on y représentait des pantomimes, voire même des petits ballets.

Un seul nom domine mes souvenirs du Théâtre-Français : Potier! Pendant deux ou trois ans il a rempli cette salle de sa joie, de son esprit, de son originalité, de sa science profonde. Tous les rôles de Brunet, il les a joués, et avec quel succès! Je n'ai qu'à fermer les yeux pour revoir *Pomadin*, M. Dasnières du *Sourd*, le *Beverley d'Angoulême*, *Nicaise peintre*, Janot et les Jocrisses. Ce grand corps sec, long, cette physionomie attentive, cet œil en éveil, ces gestes imprévus, cet accent saccadé, tout cela m'apparaît, revient, et me force encore à rire comme autrefois. Autrefois, c'est-à-dire 1805 et 1808.

Du reste, le Théâtre-Français a toujours possédé une troupe fort bonne; ses pensionnaires ordinaires se sont successivement appelés Raucourt, Landrol, Achard, Lafont, M. et madame Taigny; le théâtre des Variétés à eu leur jeunesse, leur première verve. Modeste, quoique perpétuellement florissant, il a plusieurs fois été le soutien du Grand-Théâtre.

Néanmoins, il lui a souvent fallu lutter contre des concurrences. L'ancienne révolution avait amené la liberté des théâtres; on en ouvrit plusieurs; de ce nombre furent le Théâtre-Molière, rue du Mirail, et le Théâtre-Mayeur, sur les fossés des Carmes.

Le Théâtre-Molière s'était installé brutalement dans la chapelle Saint-Jacques, aujourd'hui rendue au culte. Ses propres ressources ne le soutinrent pas longtemps, et la direction du Grand-Théâtre finit par le prendre à son compte. Elle le fit exploiter par les acteurs de ses deux troupes; on n'y jouait guère que deux fois par semaine, pendant l'hiver, et on mettait la clef sous la porte pendant l'été.

Le Théâtre-Mayeur s'appelait ainsi du nom de son directeur, François Mayeur de Saint-Paul, acteur et auteur, un des hommes les plus étranges avec lesquels je me sois trouvé en relation. Il avait commencé par jouer la comédie à Paris, à l'Ambigu, chez Nicolet, et aux Variétés-Amusantes avec Volange, Beaulieu, Dorvigny, et Bordier. Le rôle de *Claude Bagnolet*, dans la pièce de ce nom, lui valut une réputation ; on le surnomma *le niais de bonne compagnie*. En ce temps-là, Mayeur composait déjà de petits vers et des farces pour les basses scènes. Par malheur, son succès l'ayant enhardi, il donna dans la dépravation d'esprit ; un livre anonyme, qu'il publia sous le titre du *Chroniqueur désœuvré, ou l'Espion du boulevard du Temple*, excita des bourrasques parmi la gent dramatique. Mayeur, afin de dérouter les soupçons, ne s'était lui-même pas épargné dans cette peinture des mœurs des plus infimes baladins. L'année suivante, il ajouta un second volume au *Chroniqueur*, et successivement il publia, avec une rage que n'excuse pas la jeunesse, une série de productions analogues. *Les Pantins du boulevard* passèrent en revue les théâtres des Délassements-Comiques, de Beaujolais, etc. Ses calomnies impures allèrent jusqu'à s'exercer sur la reine, et on lui attribue une comédie odieuse : *l'Autrichienne en goguette*. Le flot de ses diatribes monta tellement, que l'opinion publique s'en émut ; tant que Mayeur n'avait vu que ses épaules menacées, il avait tenu bon, mais lorsqu'il s'aperçut que sa vie courait des risques sérieux, il quitta Paris et s'expatria.

Après avoir passé plusieurs années dans nos colonies françaises, d'où il entendit la chute bruyante de la monarchie, il se hasarda à remettre le pied sur le sol natal ; mais il s'arrêta prudemment à Bordeaux. Du théâtre qu'il éleva sur les fossés des Carmes, on voit encore aujourd'hui le guichet où se distribuaient les cartes d'entrée [1]. Ce théâtre dura peu de temps ; et tombé du faîte de sa direction, François Mayeur de Saint-Paul dut aller offrir ses services au Théâtre-Molière, et plus tard à celui de la Gaîté, — autre concurrence dont je vous entretiendrai tout à l'heure.

Au Théâtre-Molière, il fit jouer *les Terroristes, ou les Conspirations jacobites*, à-propos en un acte, mêlé de vaudevilles (première représentation le 5 vendémiaire an V).

Papelard, ou le Tartuffe révolutionnaire, par M. La Montaigne, est de la même année (1796),

---

[1]. Maintenant c'est un grand café, un Eldorado.

et du même théâtre. L'auteur joua le rôle principal dans son ouvrage : il parut avant le lever du rideau pour inviter les spectateurs à une double indulgence. Quelques jolis traits, quelques vers réussis (il s'agissait d'une comédie en plusieurs actes), ne sauvèrent point *Papelard.* L'acteur n'eut pas plus de succès que l'auteur ; son inexpérience de la scène était complète ; lui et sa pièce ne firent qu'une seule apparition.

Ce La Montaigne était connu depuis longtemps dans les rangs inférieurs de la littérature par des poésies fugitives, dont quelques-unes avaient été remarquées.

En ce temps-là, Bordeaux avait des journaux, des revues littéraires, son *Mercure de la Gironde* entre autres, rédigé par le citoyen Dumas-Denugon, et dont la collection, en quatre volumes in-octavo, est devenue d'une rareté excessive. Pour mieux dire, vous ne la trouverez guère que chez moi, sur ces rayons que vous voyez. Dans ce *Mercure*, il se faisait une critique dont votre *Mercure de Paris* ne peut pas vous donner l'idée. Je me souviens qu'après une représentation au Théâtre-Molière de *la Papesse Jeanne*, quelques amateurs adressèrent à cette revue des réflexions qui se terminaient de la sorte :

« Que madame Dorfeuille (la directrice du Théâtre-Molière) abandonne enfin ce genre de pièces tout au plus soutenable aux théâtres de foire, ou qu'elle ne se décore plus du nom respectable qu'elle profane. »

Cette lettre était signée des initiales : M., P., V., O., B., *amateurs*.

Lisez vous-même la réponse que se crut en droit de publier, dans le numéro suivant, le régisseur du théâtre. Je ne crois pas que, dans votre carrière de journaliste, vous ayez jamais rencontré quelque chose de plus énorme comme outrecuidance et comme ineptie.

« Au rédacteur du *Mercure de la Gironde*.

» Le messager des dieux, le complaisant Mercure, nous remet à l'instant votre plate diatribe. Fatigué, il demande ce que contient le paquet qu'il vient d'apporter : les réflexions de MM. M., P., V., O , B., amateurs. Ah ! Jupiter, qu'elles sont lourdes ! Je ne bats plus que d'une aile.

» C'est sans doute à la suite d'un festin que vous sont venues les utiles réflexions que vous soumettez au public. Vous voudriez, dites-vous, pouvoir donner des éloges à madame Dorfeuille, directrice du théâtre de la rue du Mirail, dit Molière. Quelle soif vous dévore ? Avortons du parterre, embryons barbouillés de mûres et de lie, apprenez que madame Dorfeuille n'a jamais enivré de flatteurs.

» M...auvaise P...lume, V...énale, O...rdurier, B...aragouin ! Vous osez vous parer du titre d'amateurs ! vous osez imprimer de pareilles sottises ! Que de choses profitables pour vous nous aurions encore à vous dire ! Mais nous finissons en vous conseillant de ne plus employer le style parasite si vous voulez accréditer vos réflexions.

» Au nom de la citoyenne Dorfeuille et des artistes du théâtre dit de Molière,

» LIÉBERT, *artiste et régisseur.* »

Le singulier morceau ! convenez-en.

Mais arrivons au théâtre de la Gaîté, — concurrence plus récente.

Je crois voir encore sur les allées de Tourny, auprès de l'ancien café Moreau, le charmant petit théâtre de la Gaîté. Jolie salle, grand foyer, agréable jardin. Un ancien directeur de marionnettes, J.-B. Cortay, dit Bojolais, homme habile et entreprenant, l'avait fondé vers le commencement du siècle. On n'y jouait que le vaudeville, et la foule y affluait. Mais aussi quelle troupe intelligente, active ! C'est là qu'ont commencé et se sont formés la plupart des comédiens qui devaient s'illustrer à Paris. Lepeintre aîné et Ferville étaient, la première année, les deux colonnettes de ce théâtre en miniature. Lepeintre aîné jouait les travestissements, les caricatures et les arlequins, genre aujourd'hui complétement disparu et dans lequel il excellait.

Ferville, qui a fourni une si brillante carrière au Gymnase Dramatique, Ferville tenait au théâtre de la Gaîté l'emploi des amoureux, des petits maîtres et aussi les *rôles de galerie*. Les rôles de galerie étaient les personnages historiques. Il avait une tournure avenante, un débit mesuré, et était, en outre, bon musicien. Ce fut lui qui créa à Bordeaux le rôle de Saint-Luce dans *Fanchon la vielleuse*.

A ces deux artistes déjà très-aimés vinrent se joindre l'année suivante Lepeintre jeune, qui n'avait pas encore cette encolure énorme dont son talent se trouva un jour subitement doublé ; et enfin François Mayeur. Ce fut là que l'auteur du *Chroniqueur désœuvré*, après quelques excursions de courte durée à Paris [1] et dans les départements, revint continuer sa carrière dramatique. Il était plus rassis, plus moral ; on recherchait son entretien. Mais sa fécondité littéraire était toujours la même : pendant les années qu'il resta attaché aux théâtres de Bordeaux, on ne saurait dire le nombre de pièces de tout genre qu'il composa et qu'il fit représenter : vaudevilles d'actualités, prologues d'ouverture, à-propos sur nos victoires, etc.

Tels étaient les acteurs de notre petite salle de la Gaîté.

Ils réussirent tellement, ils attirèrent tant de monde, et, d'un autre côté, les faillites se succédèrent au Grand-Théâtre avec une si désolante monotonie, que l'administration municipale mit en demeure l'heureux directeur de la Gaîté, Cortay-Bojolais, de fermer sa salle immédiatement, ou de prendre la direction des quatre théâtres de Bordeaux. Ce fut ce dernier parti que choisit Bojolais, et sa gestion compta des périodes brillantes.

En 1819, le théâtre de la Gaîté périt de la

1. Mayeur a tenu, pendant quelque temps, boutique de librairie dans la cour Mandar.

mort ordinaire aux salles de spectacle : l'incendie. Sur son emplacement s'élève aujourd'hui la maison du café Kern.

VII

Anecdotes contemporaines. — Les célébrités parisiennes à Bordeaux. Frédérick-Lemaître. — Mademoiselle Georges. — Héléna Gaussin.

A force de regarder en arrière, il me revient quelques anecdotes qui vous délasseront peut-être de mes dates.

Bordeaux juge parfois très-singulièrement (j'allais dire injustement) les artistes parisiens qui viennent lui rendre visite : Frédérick Lemaître ne l'a pas remué; Arnal n'a été compris qu'à son second voyage. Souvent même Bordeaux ne se contente pas d'affecter une dédaigneuse indifférence pour les comédiens d'élite; Bordeaux siffle, Bordeaux *chute*, Bordeaux est sans pitié. J'ai vu au Grand-Théâtre mademoiselle Georges pleurer de rage, après une représentation de *la Tour de Nesle*, où son passé, la puissance de son geste, le prestige de son nom, avaient été insuffisants à la préserver d'un outrage d'autant plus sanglant pour elle qu'il n'y avait pas cinq cents personnes dans la salle. Douze heures après, l'altière Marguerite de Bourgogne avait quitté Bordeaux.

L'aventure de mademoiselle Georges me remet en mémoire une incartade de ce pauvre Lhérie, acteur-auteur, mort dans une maison de santé. Lhérie *chargeait* beaucoup, soit qu'il représentât *Roquelaure*, soit qu'il jouât *Talma ou la Révolution des costumes*. Une fois, le public bordelais, plus hérissé que d'ordinaire, s'impatienta de ces excursions trop fréquentes hors du domaine de la vérité; il rappela l'artiste à son devoir. Lhérie, profondément blessé, s'avança au bord de la rampe et proféra ces paroles : « Messieurs, je ne reparaîtrai jamais sur les théâtres de Bordeaux. »

Les gazettes étrangères m'ont appris le décès de mademoiselle Héléna Gaussin, la petite-fille de cette illustre et touchante Gaussin à qui Voltaire adressait cet éloge :

L'art n'est pas fait pour toi, tu n'en as pas besoin.

Mademoiselle Héléna Gaussin, à qui les indiscrétions de la *Gazette des Tribunaux* avaient fait, dans les derniers temps, une réputation désagréable, donna quelques représentations sur notre Grand-Théâtre. Elle joua principalement la *Marie Tudor*, de Victor Hugo; et la fidélité de mon souvenir, qui n'est tenu à aucune galanterie posthume, m'oblige à déclarer qu'elle n'y obtint aucun succès. C'était une personne très-belle, grande, aux membres bien en place; mais ses mouvements étaient brusques, sa diction manquait de point d'appui. Elle venait de créer à Paris le rôle de la princesse Brancador, dans *les Ressources de Quinola*, de M. de Balzac. Princesse de fantaisie, à la bonne heure; mais elle ne pouvait évidemment porter le poids des couronnes historiques. Aussi, malgré l'éblouissant albâtre de ses épaules, malgré l'incontestable race de ses pieds et de ses mains, notre parterre traita de façon assez discourtoise la petite-fille de Gaussin. Les journaux firent comme le parterre. J'étais au *Courrier de la Gironde*, par hasard, lorsque cette bizarre comédienne s'y présenta pour réclamer contre les termes d'un feuilleton. Elle était pourpre de courroux; elle refusa de s'asseoir; et, bien que j'eusse décliné mon titre d'étranger à la rédaction, elle me raconta ses griefs en marchant à grands pas à travers la chambre. Elle était vê-

tue de velours du haut en bas, et le vent de sa
robe faisait voler les journaux éparpillés sur
une table. Elle tira de sa poche des lettres de
Hugo, de Balzac, où l'éloge empruntait mille
formes ravissantes; et, après m'avoir fait lire ces
certificats, elle sortit, fière et convaincue, sans
me jeter un seul regard.

Il est certain que, dans ce court intermède,
j'avais trouvé mademoiselle Héléna Gaussin bien
supérieure à elle-même. Par malheur, le public
n'était pas en tiers entre nous deux.

VIII

Auteurs bordelais. — De Piis. — De Puységur. — De Martignac.
Dupaty. — Sewrin. — Romain Dupérier de Larsan.

Si peu importantes que soient les notes que je
vous livre, elles ne seraient pas complètes cependant, si je ne vous parlais de ceux de mes compatriotes qui ont écrit pour la scène.

Au nombre de ceux-ci, M. de Piis s'est fait un
nom charmant par ses pastorales dramatiques,
dont quelques-unes furent jouées à Versailles,

sur le théâtre de la cour, vers la fin du dernier siècle. Je crois me rappeler que l'une de ses pièces, *le Saint déniché*, avait été représentée à Bordeaux, avant de l'être à Paris en décembre 1792.

Chastenet de Puységur a fait quelques opéras-comiques sous la Révolution.

J'ai connu M. de Martignac, alors qu'il n'était qu'un modeste avocat, vaudevillisant à ses heures perdues. C'était un homme agréable, vif, causant bien. Un brillant mariage avec une de ses clientes devint le commencement de sa fortune politique et la fin de sa carrière littéraire.

M. Dupaty, l'auteur de la *Leçon de botanique*, affectait des dehors plus solennels et se prenait plus au sérieux. Il est vrai que M. de Martignac n'était que ministre, et que M. Dupaty était académicien.

Je ne parle ici, bien entendu, que des écrivains bordelais qui se sont occupés de littérature théâtrale, plus ou moins exclusivement; car, des autres, le nombre est trop considérable pour qu'il puisse en être fait mention dans ce court récit.

Un des plus féconds, sans contredit, est M. Sewrin, qui, s'étant souvenu à propos de nos localités, fit courir tout Paris à son vaudeville des *Habitants des Landes*.

Laissez-moi maintenant évoquer la figure d'un Bordelais, jadis aussi connu par sa personne que par ses œuvres, et dont le nom ne peut manquer de réveiller le sourire chez ceux de ses contemporains qui existent encore. J'ai désigné Romain Dupérier de Larsan.

A mesure qu'on avance dans le midi de la France, les types burlesques et vantards se multiplient.

Romain Dupérier de Larsan naquit et mourut poëte, mais poëte à la façon du perruquier maître André, auteur du *Tremblement de terre de Lisbonne*. Il était chevalier et s'en vantait avant la Terreur, quoiqu'il fût chevalier à peu près comme il était poëte, c'est-à-dire pour l'amour de Dieu, car il n'avait ni rentes, ni patrimoine. Du reste, Bordelais pur-sang, gai, vaniteux, ayant de l'esprit dès qu'il quittait la plume pour la parole, bruyant, original, une manière de Santeuil défroqué. Il voyait un signe infaillible de sa vocation dans son nom, qui formait un alexandrin :

Le chevalier Romain Dupérier de Larsan.

Il se révéla principalement avant la Révolution : il fonda un journal intitulé *la Feuille littéraire;* il publia un *Sermon universel* en proverbes rimés; il compte aussi plusieurs pièces de théâtre, paroles et musique, car Romain Dupérier avait la prétention d'être musicien, et même un peu peintre. Lié avec M. Mélo, qui attacha son nom à l'invention du méloplaste, il manifesta plus tard son affection pour ce virtuose en imprimant l'épitaphe suivante :

<blockquote>
Ci-gît monsieur Mélo, qui sans morgue et sans faste,
Nous apprit la musique avec son méloplaste.
</blockquote>

En ce temps-là, on ne se moquait encore pas trop de Romain Dupérier; on le laissait faire. Il était jeune, sa tête pouvait s'organiser; sa volonté ou quelque hasard heureux l'enverrait quelque jour à Paris; d'ailleurs, qui est-ce qui n'a pas commencé par être ridicule ? Voilà ce qu'on se disait alors; mais bientôt notre poëte atteignit vingt-cinq ans, puis trente ans, puis trente-cinq ans, et il resta Romain comme devant. Le *Métromane de la Gironde*, comédie-folie en trois actes et en vers, ne le sortit guère de sa médiocrité.

Comment un homme aussi inoffensif que lui attira-t-il les yeux des tribuns populaires ? C'est ce qui ne peut s'expliquer que par son origine aristocratique. Toutefois est-il que la Terreur l'emprisonna au fort du Hâ, puis quelque temps après au séminaire Saint-Raphaël, dit Petit-Séminaire. Il y avait alors plus de mille Bordelais sous les verrous. Au Petit-Séminaire, Romain Dupérier se trouva avec les acteurs des deux théâtres; on eut la visite du général Brown et du représentant du peuple Ysabeau. Les femmes occupaient le premier étage, les hommes le second; mais on se rencontrait souvent, on soupait, on s'appelait citoyen et citoyenne. — Le camarade de chambre de Dupérier était un Braschi, neveu du pape, homme éminent et singulier, voyageur, cabaliste, médecin, légiste, polygraphe.

En prison, notre poëte se fit aisément des auditeurs de tous les prisonniers; il improvisa des parties littéraires, des bouts-rimés, des charades, des concours pour chaque décadi. Que vouliez-vous qu'on fît contre lui? Il n'y avait pas moyen de guillotiner un homme pareil.

On le relâcha donc. Une fois hors du Séminaire, son premier devoir, disons-le à sa louange, fut d'aller solliciter auprès d'Ysabeau la liberté de sa mère, détenue à Beysac, dans le bas Médoc.

Ysabeau était alors à Lesparre. Dupérier y vole, il insiste pour être introduit. Le représentant du peuple dînait : Dupérier est reçu à table ; il récite des vers en l'honneur de nos armées conquérantes, il s'exalte, il amuse, il obtient ce qu'il demande.

Lorsque le 9 thermidor eut rendu les Bordelais à leurs foyers, le chevalier Romain Dupérier de Larsan consacra ses loisirs à l'élaboration d'un poëme héroï-comique, en douze chants et en vers alexandrins : *les Verrous révolutionnaires*, destiné à raconter à la race future les divers épisodes de sa captivité. Les exemplaires de cet ouvrage sont aujourd'hui fort rares. « Les puristes ou les grammairiens, dit-il dans sa préface, me blâmeront peut-être d'avoir bouleversé quelquefois les temps ; mais le temps où nous avons écrit était bien plus bouleversé:... »

Les Verrous révolutionnaires (prix : 4 liv. 10 s. broché, avec portrait) se vendaient chez l'auteur, dont le domicile était situé rue du Loup, ainsi que l'apprenaient ces deux vers du prologue :

Il demeure à Bordeaux ; ne cherchez pas beaucoup ;
Aux deux coins de sa rue on lit ces mots : *du Loup*.

Ouvrez ce volume et lisez l'argument du premier chant; il vous donnera une idée des procédés lyriques de Romain Dupérier :

« Invocation. Entrée nocturne de Jean Paré, officier municipal, chez Romain ; il entre aviné, sans mandat d'arrêt, avec deux fusiliers bruyants. Sursis donné pour cause de maladie ; moyens de défense écrits dans l'intervalle ; la véritable généalogie de Romain, dictée par lui à la bonne vieille qui le gardait ; son rêve, sa prophétie et son testament. Prompt retour du magistrat avec une nombreuse escorte ; conduite de Romain à la Commune ; son plaidoyer rimé et sa justification auprès du gros Bertrand, maire. Nouvel accompagnement dudit Romain chez lui ; apposition des scellés ; scène touchante du chien de Romain, qui veut le suivre malgré l'opposition de la force armée ; rumeur du quartier. »

Les seuls vers supportables de ce long fatras sont ceux par lesquels il décrit l'arrivée au séminaire Saint-Raphaël des comédiens du Grand-Théâtre et des Variétés. Lisez :

> Un jour de cet automne, en frimaire, je crois,
> J'entendis un grand bruit et de fort belles voix.
> Laissons notre repas. Oh! la plaisante affaire!
> Le Grand-Théâtre est mis au Petit-Séminaire!

Sans crime le public rit du malheur d'autrui;
Nous aurons sans payer comédie aujourd'hui.
La scène, comme on voit, sera bien variée :
On a soixante acteurs d'une seule marée.

. . . .
Mainte actrice recluse a montré de la tête :
L'une réclame encor ruban et collerette;
L'autre veut ses chapeaux en casque de dragon,
Ses perles, ses bouquets et son pouf de linon.
Aimable précieuse, et toujours ridicule,
Ignorez-vous qu'ici l'on n'a qu'une cellule?

. . . .
On montre les Trial avec les Laruette,
Et ce qu'on peut avoir de meilleur en soubrette.
On cite, confondus, les acteurs principaux :
Rôles à tablier et rôles à manteaux;
Plus, les pères grondeurs, valets à double mine,
Et, tout près d'Arlequin, Pierrot et Colombine;
Ici, Georges Dandin, le sémillant Damis;
Éraste et Francaleu se retrouvent amis;
Don Bazile a la fièvre. . . . .

. . . .
Lors, des Variétés on voit entrer la troupe ;
L'acteur a son bonnet, des sabots, une roupe ¹.
J'aperçois là *Pointu*, là *Gilles ravisseur*;
Plus loin *Politicos*, et *Janot* dégraisseur.
Auprès est la poissarde et dame *Mistanflûte*
Qui veut à *Dodinet* préparer une lutte.
On voit *Guillot-Gorju*, *Casse-Pierre*, *Fanchon*,
Cassandre, *l'Echaude*, puis *Christophe le Rond*.
Chevalet, *Pétronille*, ainsi que mons *Dasnière*,
Ont fourni dans ces lieux une illustre carrière.
Le bonhomme *Ricco* projette un grand duel
Avec monsieur *de Crac* dans son petit castel.
Etc , etc.

1. *Roupe*, grande lévite ou plutôt douillette.

Lorsque Romain abandonne le badinage pour les tableaux sombres, il est moins inspiré. L'ombre du sinistre Lacombe semble encore le poursuivre lorsqu'il essaye de tracer son portrait dans ces mauvais vers :

> Ne croyez pas qu'ici longtemps on vous retienne ;
> D'une heureuse prison vous possédez l'étrenne.
> Pour vous je ne vois pas un présage effrayant :
> Six juges sont nommés avec un président.
> Lacombe en est le chef ; cet homme a du mérite :
> Il vous donne la vie ou bien la mort subite.
> C'est un fier patriote ! On ne fait pas long feu ;
> De la vie au trépas il n'est pas de milieu.

Et plus loin :

> Le président compose et traite à la sourdine ;
> Jouons du portefeuille, ou bien : la guillotine.
> Celui-là de son bien a déjà pris le deuil,
> Il croit que la prison deviendra son cercueil.
> Un autre est imposé pour une forte amende ;
> Sa femme, chez Lacombe, ou propose, ou marchande.
> Ce scélérat, du sexe exigeait un tribut !...
> L'époux ne peut encore y trouver son salut ;
> Et, grâce au tribunal révolutionnaire,
> Tremblez, tremblez, richards ; vous, prêtre réfractaire !
> Lacombe va parler, et d'un air courroucé,
> Dira : Le tribunal sur ton compte est fixé !

Je ne vous arrêterai pas davantage sur ces images de deuil. Après avoir terminé *les Verrous révolutionnaires*, le chevalier Romain Dupérier récapitula avec soin les figures de rhétorique qu'il y avait employées, et il en dressa le tableau scrupuleux que vous voyez :

>Descriptions 28
>Comparaisons. 122
>Leçons de morale. 180
>Vers marquants. 216
>Jeux de mots. 17
>Mots nouveaux 19
>Péroraison. 1

J'ignore quel a été le succès de ce poëme ; il faut croire toutefois qu'il fut de nature à encourager l'auteur, car jusqu'à la fin de ses jours il rima et fit imprimer ses rimes, à l'aide de souscriptions qu'il allait solliciter et recueillir lui-même. Ses recueils sont nombreux et embrassent tous les genres de poésie, depuis le dithyrambe jusqu'à l'acrostiche. Mais toujours prolixe, même dans les pièces les plus courtes, c'est surtout à lui que pourrait s'appliquer ce mot plaisant : — Comment trouvez-vous mon distique ? — Heu ! heu ! il y a quelques longueurs.

On s'est beaucoup entretenu, et avec force

éclats de rire, d'une *Iphigénie en Périgord*, qu'il fit jouer et qui n'eut qu'une représentation.

Pauvre homme!

Je ne sais qui m'a dit que la vieillesse du chevalier Romain Dupérier de Larsan avait été adoucie par un héritage inespéré.

En nous rapprochant de nos jours, je trouve M. Honoré, connu par son *Bonardin dans la lune;* M. Ch. Hubert, qui a collaboré avec Théaulon. J'en trouverais bien d'autres encore, mais ceux-là vous les trouverez mieux que moi, car ils ont votre âge, et je ne me suis engagé qu'à vous entretenir des hommes et des choses du temps lointain.

Ainsi parla M. G***, le doyen des habitués des théâtres de Bordeaux.

XII

TOULOUSE

I

La rue Gourmande.

Voici le menu d'un dîner que je viens de faire à Toulouse, — place du Capitole, naturellement, — chez l'excellent restaurateur Tivollier :

Le consommé aux tomates ;
La truite des Pyrénées ;
Le foie de canard sauce madère ;
Le gigot d'isard ;
La salade ;
Les pêches de Cazères.
Vins : Limoux rouge, corton, champagne.

Ce dîner, j'ai eu le plaisir de le partager avec

mon ami Durand. A ce propos, il faut que vous vous accoutumiez, lecteurs, à me voir un ami par département, au moins.

Durand, que je tiens à vous présenter, est le Mas'Aniel de Toulouse, — politique à part. Cela veut dire, en style relevé, qu'il vend du poisson à la halle. Les plus beaux saumons lui passent par les mains, ainsi que les plus belles huîtres de Marennes. On prétend qu'il a, sous sa blouse pittoresque, une éloquence entraînante, celle d'un Mirabeau de la marée. Je n'y suis point allé voir, — son commerce s'exerçant à quatre heures du matin, — mais je le crois sans peine. Durand *tomberait* quatre Marseillais au jeu de la physionomie, des gestes et de l'accent. Quelle bouche épanouie! quel regard joyeux et cordial! Il semble qu'on gagne de la santé et de la joie rien qu'en serrant sa main! Si vous voulez un type de province bien original, fièrement accusé, prenez Durand.

Sa verve ne s'exerce pas seulement au marché; il est encore un des grands agitateurs du théâtre. Il y fait la pluie et le beau temps, à la façon des dieux turbulents de la fable. Heureux le ténor, fortunée la cantatrice que Durand a prise ou pris sous sa protection! Il rit dans son ventre des petites cabales des cercles et des protestations isolées des loges. S'agit-il d'enlever un troisième début, Durand arrive avec le faubourg Saint-Cyprien tout entier!

Et, dans la vie privée, quel superbe coup de fourchette! Je me sens tout petit à côté de Durand.

Expliquerai-je maintenant comment je suis demeuré quatre jours à Toulouse? Non; car j'ai des torts à me reprocher envers cette cité poétique. Je n'ai visité ni son Capitole, ni aucun de ses monuments recommandés par la maison lyrique Hachette et Cie. — Barbare que je suis! Mauvais voyageur!

Je soutiens pourtant que je n'ai pas perdu mon temps à Toulouse.

Exemple : En passant dans la rue Gourmande (il existe une rue Gourmande à Toulouse, et il n'en existe pas à Paris, ô injustice!), je m'arrête devant la boutique d'un bouquiniste. J'entre, je furette. Et, au bout de cinq minutes, qu'est-ce que je découvre sous un lot de vieilles grammaires latines?... une perle, un bijou, une rareté entre les raretés, — l'*Imitation*, de l'édition Cazin, avec la figure de Marillier, c'est-à-dire un petit livre pour lequel les amateurs donnent habituellement carte blanche aux libraires-commissionnaires.

II

Le café du Cours.

A l'une des extrémités de la ville, auprès de la gare du chemin de fer, il y a un Cours brûlé par le soleil, semé de poussière, planté d'arbres enfants. Sur ce Cours, un petit café s'annonce par une tente, un café modeste et solitaire.

A l'extérieur, deux tables vertes sont placées. L'intérieur est une sorte de corridor, tapissé d'un papier rouge velouté, avec des divans de chaque côté. Au fond, un comptoir, et, derrière ce comptoir, un vieux rideau en damas, qui laisse soupçonner une cuisine.

Le *café du Cours* est souvent désert, surtout à l'heure de la chaleur, à midi. Un garçon dort, la tête couchée sur une table. Le *Siècle* de la veille traîne, à moitié déchiré. Simplement vêtue d'une robe noire, une jeune fille se montre quelquefois sur le seuil ; ses regards interrogent le Sahara de la promenade.

Elle est élancée et brune ; elle a vingt ans. La douceur est l'expression dominante de sa physionomie. Ses cheveux, abondants et fort beaux, sont très-soignés ; en cela seulement se trahit sa coquetterie. Elle tient, avec sa mère, le *café du Cours*. Il y a trois ans que cette dernière, restée veuve à Lectoure, est venue à Toulouse et y a acheté ce petit fonds, qui les fait vivre à peine.

Malgré la chaleur, le hasard leur adresse parfois des consommateurs au milieu du jour. Tantôt ce sont deux ouvriers qui demandent un jeu de piquet, et qui s'installent dans un coin. Tantôt c'est un voyageur, — de la famille de Sterne, — qui a soif et qui cause volontiers.

La jeune fille est empressée et avenante.

— Monsieur n'est pas de Toulouse, apparemment ? dit-elle, après avoir apporté la bière sur un plateau.

— Non, mademoiselle, à mon regret.

— Eh bien ! il faut y passer quelques jours.

— Si vous l'exigez... hasarde le voyageur en souriant.

Elle continue sans affectation :

— Vous verrez nos églises qui sont magnifiques, à ce que tout le monde assure... et l'ancien palais de justice qui vient d'être réparé.

Vers quatre heures, les habitués commencent un peu à arriver. On prend l'absinthe, le vermout. La jeune fille a un sourire calme pour chacun. Elle hâte le garçon... — De temps en temps, balançant à la main un petit arrosoir de fer-blanc en forme de cornet, elle trace avec l'eau de gentils dessins sur le parquet.

Parmi ces habitués, il y a presque toujours un amoureux. C'est ordinairement un jeune homme silencieux, qui ne fraye avec personne, et qui s'asseoit à une place isolée. Il fait durer sa consommation le plus possible ; il recommence la lecture du journal, il demande du papier et de l'encre. Farouche comme tous les amoureux sincères, il lance des regards irrités aux gens plus hardis que lui qui parlent à la jeune fille.

On ne voit jamais la mère, on la devine tout au plus dans l'arrière-boutique. Elle a compris qu'une vieille femme ne doit pas figurer dans un café.

Le soir ajoute encore à la physionomie mélancolique du *café du Cours*. Un quinquet unique rayonne dans une atmosphère de fumée de tabac. Des ombres jouent aux dominos.

La jeune fille continue de s'empresser de table en table.

Telle est sa vie. Ainsi s'écoulent ses belles années, *son printemps*, comme disent les poëtes. Et sa douceur ne se dément jamais, et son humeur reste toujours égale.

Il arrive quelquefois qu'un individu, buvant ou jouant, se retourne et lui adresse quelques paroles de lourde galanterie.

Elle se retire dans l'arrière-boutique et ne reparaît plus.

III

Méditations dans une chambre d'hôtel.

C'est vrai, Durand se porte mieux que moi. Je m'en suis aperçu ce soir, pendant le souper. Son teint est plus riche en couleur ; ses muscles percent sous son embonpoint. Oh ! je l'ai bien étudié. Il *revient* à chaque plat, dès qu'on insiste tant soit peu. Lui offre-t-on à boire, il fait la moitié du chemin avec son verre. Durand est fort.

Durand est fort, voilà qui est incontestable.
— Moi, je suis dans les demi-teintes. Je sais ce

que je mange et ce que je bois, je le sais trop peut-être. J'ai ma valeur, parbleu! Mais enfin, ce n'est pas cette puissance indifférente de Durand; ce calme de l'Hercule Farnèse. Je suis jaloux de Durand.

Je suis jaloux de Durand ; pourquoi m'en défendrais-je? Et puis, j'ai déjà reçu plusieurs avertissements de la Providence, — sans compter les *communiqués*, — tels que bronchite, névralgies, affection des paupières. Durand semble n'avoir jamais rien eu de tout cela. Il se meut dans la bonne chère aussi librement que le poisson dans l'eau. Prodigieux Durand !

Prodigieux Durand! A l'heure qu'il est, il dort sur les deux ouïes, — tandis que moi, s'il faut l'avouer, je ressens comme des inquiétudes, j'éprouve comme un malaise, léger sans doute, mais mêlé à des pressentiments moroses. Et, pour m'entretenir dans cet ordre de pensées, j'ai justement sous les yeux un volume de Millevoye, trouvé sur ma cheminée, et oublié probablement par le voyageur qui m'a précédé dans cette chambre.

Ce Millevoye n'est pas rassurant du tout. Je viens de relire ce chef-d'œuvre trop vanté, *la Chute des feuilles*. Heureusement, cela n'a aucun rapport avec la saison où nous sommes, non plus qu'avec ma situation !

> De la dépouille de nos bois
> L'automne avait jonché la terre,
> Et sur la branche solitaire
> Le rossignol était sans voix.

L'auteur a mis plus tard une variante à ces deux derniers vers. Il a eu raison. Cette *branche solitaire* faisait supposer des arbres ne possédant qu'une seule branche. Voici le changement qu'il a imaginé :

> Le bocage était sans mystère,
> Le rossignol était sans voix.

A la bonne heure ! Il y a de la grâce, de la cadence. J'aime ce mot suranné de *bocage*. — Sachons gré aussi à Millevoye d'avoir dit tout simplement : le rossignol, lorsqu'il aurait pu, selon le goût du jour, dire : *Philomèle*.

> Triste et mourant, à son aurore,
> Un jeune malade, à pas lents,
> Parcourait une fois encore
> Le bois cher à ses premiers ans.
> Bois que j'aime...

Trop de *bois !* — Mais pourquoi ce volume s'est-il trouvé sous ma main ? Le hasard a des ironies qui font frissonner. — Et si ce n'était pas un voyageur qui l'eût oublié ! S'il avait été placé là à dessein.....

> Bois que j'aime, adieu ! Je succombe ;
> Votre deuil me prédit mon sort ;
> Et dans chaque feuille qui tombe...

Si j'étais superstitieux pourtant ! — Mais, au fait, je me souviens à présent : c'est l'Académie des Jeux Floraux qui, la première, a consacré *la Chute des feuilles*, et récompensé d'un laurier d'or cette débauche de phthisie. Il n'y a donc rien de surprenant à ce que les œuvres de Millevoye se rencontrent à Toulouse ; ce volume doit appartenir à l'hôtel.—Funeste exemple ! Rimes grelottantes, *Epidaure* et *encore*... Je quitterai Toulouse demain matin.

Charles Millevoye ! Mes initiales !

XIII

STRASBOURG

Une des villes que j'aime le mieux est Strasbourg. Resserrée et même à l'étroit dans ses fortifications, elle a le mouvement, le bruit, la vie. Je ne sais que Rouen qui puisse lui être comparée pour certains vieux quartiers demi-croulants et bâtis sur eau. Cette année encore j'ai voulu voir Strasbourg, mais cette excursion ne me sera guère comptée au point de vue archéologique ; je n'en ai rapporté qu'un traité comparatif des diverses bières du Bas-Rhin. Tombé, dès le premier soir de mon arrivée, aux mains du plus courtois mais du plus intrépide dégustateur du pays, j'ai dû le suivre dans ses explorations et l'imiter dans ses expertises.

L'ombre s'était à peine répandue sur les toits

à lucarnes de la vieille ville, que nous nous dirigions vers la brasserie du *Dauphin*, sans préméditation de choix, et uniquement parce qu'elle se trouvait la première sur notre chemin. Nous n'y séjournâmes pas longtemps : la bière y était *molle*. On nous vit successivement à la brasserie du *Pécheur*, du *Grenadier*, du *Chasseur magique*, du *Griffon* et du *Léopard*, — j'en oublie sans doute. La foule était partout, car c'était un lundi, jour d'expansion à Strasbourg comme dans toute la France. Chaque brasserie est composée uniformément d'une salle plus ou moins grande, et d'un jardin plus ou moins petit. Des tables et des bancs de bois occupent la salle ; des bancs et des tables de bois occupent le jardin, — lequel jardin n'est le plus souvent qu'une cour, plantée d'un arbre. On lit dans un coin : *Pissoir*.

Dans quelques-unes de ces brasseries on remarque, appendue au-dessus du comptoir, c'est-à-dire à la place d'honneur, une lithographie coloriée, représentant un joyeux homme en manteau de pourpre doublé d'hermine, assis sur des tonneaux, et tenant de la main droite, levée par un geste triomphal, une chope d'où déborde une bière écumante. La main gauche s'appuie sur une couronne et une épée. Puis samment hilare, la tête est encadrée d'une abondante chevelure blonde et d'une barbe non moins abondante et non moins blonde. Au bas de cette estampe, dont les tons riches frappent gaiement la muraille, on lit ce nom : Gambrinus.

Qu'est-ce que c'est que Gambrinus ? La légende en fait le roi de la bière, le Noé de l'orge, le Bacchus du houblon ; la légende prétend même qu'il a régné en Brabant. C'est bien possible. — Quoi qu'il en soit, et de quelques ténèbres historiques qu'elle semble enveloppée, la royauté de Gambrinus est partout reconnue. En Allemagne, et surtout en Prusse, on ne jure que par Gambrinus, et, de même qu'à Strasbourg, son image décore et protége la plupart des tavernes.

Il existe d'autres effigies du monarque mousseux, plus anciennes et plus naïves. Mon compagnon a réussi à déterrer l'une d'elles, gravure bizarre, sous laquelle on voit cette baroque inscription, qui a la prétention d'être formulée en vers :

> De l'orge en *drèche* changeant,
> J'eus l'idée, le premier,
> La boisson comme la bière d'en brasser.
> Aussi, en vérité, les brasseurs diront
> D'avoir de leurs États un roi, un maître et un patron.

Si Gambrinus revenait au monde, il n'hésiterait pas à faire de Strasbourg sa capitale. Tout, en effet, dans cette ville, se ressent de la domination de la bière. Les hommes ont le visage couleur de bière, les cheveux couleur de bière, les vêtements couleur de bière. La terre et les maisons sont rougeâtres, comme la bière. Les femmes (je parle des femmes du peuple) ont l'air de chopes qui marchent.

La principale affaire d'un Strasbourgeois est d'aller *essayer* la bière à midi. Ce prélude sans importance ne se compose que de cinq ou six chopes. Il revient à la brasserie vers quatre heures, lorsque sa journée est terminée; alors la dégustation devient plus grave, les canettes se succèdent. Mais le dîner sonne; fidèle au repas en famille, il rentre chez lui. On ne le reverra qu'entre huit et neuf; il est vrai que jusqu'à onze heures il semblera vissé à son banc, et que cette fois il s'attaquera, non plus aux canettes et aux chopes, mais aux formidables moos. Gambrinus ne veut pas de tièdes servants!

Il faut croire que la bière se digère et s'évapore bien mieux sur le sol de sa production que partout ailleurs; sans cela, on s'expliquerait difficilement une aussi grande consommation. Pour ma part, moi que la bière laisse assez indifférent à Paris, je m'étonne de l'attrait qu'elle emprunte à Strasbourg. Je ne m'élève certainement pas jusqu'à l'enthousiasme de mon compagnon, mais je le suis avec intérêt, je le comprends, je l'approuve, je l'imite...

Parmi les variétés de buveurs de bière, il en est beaucoup qui, comme lui, poursuivent de brasserie en brasserie un idéal et ne s'arrêtent que lorsqu'ils l'ont rencontré. A ce moment-là une sorte de courant électrique traverse tout Strasbourg; la nouvelle se répand comme un mot d'ordre chez les véritables amateurs, qui se répètent les uns aux autres : « C'est à *l'Espérance* qu'est ce soir la bière la meilleure! » Des déplacements s'opèrent aussitôt dans toutes les brasseries; on dirait des conjurés appelés à un rendez-vous; *l'Espérance* est envahie.

Le lendemain de cette excursion nocturne, M. Henry, l'homme aux pâtés européens, m'emmenait à Haguenau pour m'y faire assister à la cueillette du houblon. Il était temps; déjà quelques bourgeons menaçaient de roussir. Le spectacle de cette récolte est très-intéressant : qu'on se représente une armée de grands échalas renversés, — la forêt de Birnam couchée à

12.

terre; — et, accroupies au milieu de ces branchages, trois ou quatre cents Alsaciennes aux corsages rouges et bleus, paraissant éplucher une immense salade. Autre chose plus curieuse encore : dans une houblonnière, voisine de celle de M. Heim, hommes et femmes venant à manquer, on avait fait appel aux cuirassiers de la garnison, et c'était plaisir de voir ces braves militaires remplissant à qui mieux mieux de vastes paniers.

Le paysage de Haguenau, quoique plat, est gai et bien coupé; son horizon grandiose est fourni moitié par la Forêt-Noire et moitié par les Vosges. — Quant à Haguenau, c'est une petite ville fortifiée, qui n'a rien pour retenir le regard. Mais qu'on ne s'y trompe pas : nous sommes ici en plein berceau du houblon. Entrez, pour vous en convaincre, à la brasserie du *Lion d'or*, — une vieille maison décorée d'une enseigne rutilante : le roi des animaux étendant sa griffe sur une chope. Dans l'arrière-salle, à côté de l'inévitable Gambrinus, vous lirez cette inscription : « Maison d'Ignace Derendinger père, introducteur de la culture du houblon en Alsace en 1805. »

Le *Lion d'or* de Haguenau jouit d'une re-

nommée qui s'étend à vingt lieues à la ronde.
C'est à la fois une brasserie et une bourse; j'y
ai vu la plupart des grands propriétaires de houblon, causant de leurs espérances et établissant
leurs prix courants. Un d'eux m'a promis de
m'adresser une de ces rares gothiques chopes
en bois, — comme on n'en retrouve plus
que dans cinq ou six familles patriarcales de
l'Alsace.

Mes impressions de voyage sont, on le voit,
d'un caractère spécial. Je ne m'exposerai pas à
des redites en racontant la suite de mon séjour
à Strasbourg; je me contenterai de toucher un
mot d'un souper que je fis, la veille de mon départ, au faubourg de la Krutenau. — La Krutenau semble un quartier d'Amsterdam, à la
nuit surtout; on s'y rend par la rue du Renard-
Prêchant, en laissant de côté la rue du Jeu-de-
Paume et la Tour-aux-Souris. Au bord de l'eau
se trouve la brasserie du *Télégraphe;* c'est là. On
y mange des carpes du Rhin frites et des mate-
lotes de lottes, flanquées d'écrevisses énormes;
— je ne sais rien de plus exquis que les foies
de lottes, arrosés de vin du pays. Car il est temps
de le dire, afin d'atténuer quelques-unes de mes
railleries : la bière n'est pas la boisson unique

(*poizon Inigue*) du Bas-Rhin : le vin reconquiert ses droits dans les festins sérieux. De jolis petits vins que les vins d'Alsace ! Jadis (il n'y a pas si longtemps) on les envoyait à Cologne pour fortifier les vins du Rhin.

Quelques heures après ce souper à la brasserie du *Télégraphe*, je prenais le chemin de fer de Paris, emportant dans ma malle le portrait colorié de Gambrinus.

XIV

BADEN-BADEN

I

Dans une contre-allée de la promenade de Baden-Baden, l'œil est attiré par deux boutiques de cristaux de Bohême, qui étincellent des couleurs les plus variées et des feux les plus coquets.

Je m'y arrête souvent ; j'admire avec des regards d'enfant les lustres à pluie de pendeloques, les coupes roses soutenues par des dauphins blancs, les hautes chopes blasonnées et ornées de grands chevaliers à casques, les cloches à dessert, — splendides camisoles de force destinées au roquefort épileptique,— les cornets à fleurs au col élancé, les coffrets représentant uniformément sur les quatre faces la Trinkhalle, la Favorite, Eberstein et le Vieux-Château ; les lavabos magistrals ; et la foule papillotante des verres, verres géants, verres microscopiques, verres à pied, verres-tulipe, verres mousseline, verres de toutes formes et de toutes couleurs, sur lesquels le même artiste a gravé la même chasse, le même cerf, le même paysage.

Quelquefois, j'entre dans une de ces boutiques ; je fais des petits tas, un choix, et je dis au marchand, qui porte le beau nom de Pélikan :

— Mettez-moi cela de côté ; je le prendrai à mon départ de Baden-Baden.

Le marchand me répond : *Ya, ya,* flegmatiquement. Il est accoutumé à ma manie ; il sait qu'au bout de la contre-allée j'aurai oublié mon emplette, — et il oublie ma recommandation.

II

L'autre jour cependant, après une station plus prolongée dans la boutique de M. Pélikan, j'avisai sur une étagère une carafe.

Une carafe, toute blanche, noble, sévère, taillée à pans épais. Éclat frissonnant! lumière pure et digne! Cette carafe faisait songer à la Source d'Ingres, aux neiges éternelles de la Sierra-Nevada, aux aubépines fleuries, à l'écume poudroyante des torrents, à Séraphita-Séraphitus, aux épaules des logés du Théâtre-Italien, aux albâtres et aux cygnes, à tout ce qui éblouit, charme et impose.

Au milieu de cette fête du cristal, elle semblait une de ces belles filles qui ne connaissent personne et que personne ne connaît, et qui se tiennent tristement et fièrement assises sur une banquette de bal.

— J'achète cette carafe, dis-je au marchand.

— *Ya, ya*, me répondit-il sans se déranger.

— Et je l'emporte.

Le marchand leva la tête.

— Et je la paye, ajoutai-je.

La carafe fut placée par moi dans ma chambre d'hôtel, à la place d'honneur.

III

Pendant la nuit, la carafe m'a parlé, et elle m'a dit :

« Merci de m'avoir retirée de cette société où j'étais compromise, à côté de ces pots de pommade et de ces flacons frivoles.

» Je ne m'attendais pas à cela de toi, et c'est ce qui me rend plus précieux ce bon office.

» Hélas! tu m'as méconnue bien longtemps!

» Que de fois je t'ai vu me dédaigner et même me repousser dans un repas!

» Et si quelqu'un, plus sage que toi, s'avisait de me saisir, tu t'écriais alors sans pitié : — Garçon! à quoi pensez-vous donc? ôtez vite cette carafe de nos yeux!

» Je t'aurais pourtant rendu d'inappréciables services.

» Maintes fois je t'ai lancé des éclairs désespérés, pour t'avertir de te méfier des pécores qui t'environnaient!

» Mais tu détournais obstinément tes regards enivrés.

» Enfin, aujourd'hui, tu reviens à moi ; je pardonne tout.

» Ne redoute pas la raillerie ; ne suis-je pas ton amie d'enfance et de jeunesse ? Après ton premier rendez-vous, ne bus-tu pas mon contenu d'un seul trait ?

» Reste avec moi, je suis la santé et la force. Je rendrai tes yeux brillants et ton âme sereine.

» Je ne demande pas la première place dans ton affection ; aie des maîtresses parmi les bouteilles séduisantes et les fioles perfides, puisque tu ne saurais t'en passer absolument ; mais reviens toujours à moi comme à la femme légitime, à la femme honnête, résignée et secourable.

» Et puisque tu te laisses prendre volontiers aux images poétiques, comme un gros niais que tu es, eh bien ! considère-moi, — moi, la carafe, — comme la lune des festins ! »

IV

La carafe se tut, et je l'écoutais encore.

A mon réveil, je l'aperçus sur ma table, toute enveloppée et toute baignée des premiers rayons du soleil.

Je fus presque jaloux du soleil !

Durant la journée, quelque chose de frais et de guilleret courut dans mes veines.

Et je jugeai à ces symptômes qu'il était temps de quitter le pays.

Comme je me rendais au chemin de fer allemand, avec la rapidité d'une bonne résolution, je fus hélé sur les degrés de la Maison de Conversation par quelques oisifs :

— Hé ! soupes-tu avec nous ce soir ? es-tu des nôtres ? me crièrent-ils.

Je haussai les épaules et pressai le pas.

Dix minutes après je quittais Baden-Baden, calme, le front haut, — avec ma carafe à la main !

XV

MARSEILLE

A Marseille, j'ai retrouvé l'histoire du *Patron Jean*.

L'histoire du *Patron Jean*, — qui a pour base un fait arrivé sous le règne de Louis XIV, — était encore très-répandue à la fin du dernier siècle. On en avait composé un petit intermède que l'on jouait sur les théâtres de la Provence. C'est cet intermède que je reproduis ici, en lui conservant toute sa franchise et toute son originalité. Je n'en ai retranché que quelques traits trop énergiques.

* *
*

La scène se passe dans une hôtellerie.

Le Patron Jean raconte lui-même son histoire à un lieutenant de vaisseau.

⁂

« Vous savez tous aussi bien que moi que ze m'appelle Patron-Zean ; que z'étais maître d'équipaze sur l'*Annibalo*, qu'il était le vaisseau que commandait M. de Fourbin. Nous avons fait plusieurs prises, nous avons partazé l'arzent, il m'en est revenu quelque zose pour ma part. Quand la paix i l'est arrivée : — Ah çà ! ze me dis, Patron-Zean, quoi que tu vas faire à présent, mon ami ? te mettre sur un vaisseau marçand ! il n'y a pas de l'eau à boire. Tu sais raser, faut faire bâtir une petite cabano sur la place de la Cannabierre, pour raser les passants.

» Ze fais prix avec dix sarpentiers. Voilà ma cabano qui l'est faite. Z'accroce une petite enseigne : *On razo auzourd'hui en payant, et demain pour rien.* C'est une petite facétie de ma part, parce que le zour de demain il ne vient pas zamais... Hi ! hi ! hi !

⁂

» Au bout de six mois que z'étais fort tranquille dans ma cabano, un varlet de ville il arrive : — Est-il là, Patron-Zean ? qui dit. — Oui, que ze lui réponds ; quoi qu'il y a pour votre service, mon ami ? — Moussu le premier consul de l'an qui vient vous demando, et voilà le billet qu'il vous envoie. (Il faut que vous sassiez que les consuls de Marseille ils sanzent tous les ans.) — Qui diable i me veut, moussu le premier de l'an qui vient ? Ze regarde le billet, ze tourno et retourno, ze n'y comprends rien, ze sais pas lire. Ze vas chez le voisin, et ze lui dis : — Faites-moi le plaisir de me dire qu'est-ce que c'est que ça ? — Ça, i me dit, c'es un billet de moussu le premier de l'an qui vient, qui demando que tu viennes à la maison de ville tout de suite. — Ze ne veux pas y aller, que ze dis ; ze n'ai pas affaire à lui ; pour le varlet de ville, ze le respecte, c'es un homme de considération. — I ne faut pas zamais lutter le pot de terre avec le pot de fer, qui me répond le voisin ; va-t'en voir ce qui te veut, moussu le premier.

» Ze li va. En arrivant à la maison de ville, ze demando : — Ou-t-il est, moussu le premier de l'an qui vient ? Moussu le premier, il apparaît ; c'était un grand homme déssessé, avalé, qui me dit : — Ah ! mon ami, z'ai une mauvaise nouvelle à t'apprendre ; c'est que les nouveaux consuls ils ont décidé que pour l'embellissement de la Cannabierre il fallait que tu mettes ta cabano aü seau. — Vous vous moquez de moi, ze n'en ferai rien ; moussu le premier de l'an passé m'a donné la permission, et moussu le premier de l'an qui vient peut pas me l'ôter ; ça ne sera pas... — Pas tant de raisons, mon ami ; on te donne un mois pour mettre à bas ta cabano ; si elle y est pas, nous nous sarzerons de la y faire mettre ; va-t'en.

*
* *

» Ze m'en vas : z'étais piqué ; ze viens chez le voisin, et ze lui raconte l'assident. — Diable ! qui me dit le voisin, c'est un peu fort. Ah ! si tu avais des protections ! — Que c'est ça ? — Eh ! i me dit, ce sont des personnes qui solliciteraient pour toi auprès de moussu le premier. Voilà que ze me raviso, et ze dis : — Le roi i peut empêcer ça ? — Pardi ! qui me dit le voisin ; le roi il est le maître ! — En ce cas-là ze suis des bons, que ze dis ; ze suis un brave homme, ze me suis bien battu pour lui, z'ai défendu ses poucessions, i faut qui défende ma cabano.

» Z'entre chez moi, ze prends mes quatre ou cinq sous, ze les mets dans ma poce, ze ferme ma porte et ze remets la clef au voisin. — Où tu vas donc? qui me dit. — Où que ze vas? à Versailles. — Ah! malheureux, qui me dit, faut traverser toute la France! — Z'ai bien traversé la mer, ze traverserai bien la terre! que ze réponds.

» Effétivement, ze m'acemine. Après quinze jours, deux heures et cinquante-sept minutes, ze suis devant le çateau de Versailles. Ça fait une belle bâtisse, faut être zuste. Z'aperçois deux ou trois petits bagassons, que ze crois qu'on appelle ça des pazes. Ze leur dis : — *Mes amis, ountès lou rey?* — Qu'est-ce qui veut dire, cet homme? qui dit un. — Ze vous demande, que ze leur dis, où-t il est le roi, votre maître et le mien! — Le roi, il est à Fontainebleau. — Qué bête est-ce ça? que ze dis. — C'est pas une bête, c'est sa maison de plaisance.

— Allons, ze suis bien venu à Versailles, z'irai bien à Fontainebleau.

» Ze m'acemine encore. Le lendemain, à dix heures du matin, ze suis rendu à Fontainebleau. Z'entre dans une grande salle, où ze vois deux hommes qui étaient habillés de morceaux rapiécés de rouze et de bleu. C'étaient des Suisses. — Messieurs, ze leur dis, ze veux parler au roi. *Toi retirer*, qui me dit un. — Que ze me retire ! ze veux parler au roi ! — *Si toi pas retirer, moi crève ton la ventre !* qui me dit. — Les bagasses !... pan ! ze lui fice un basseau... à terre celui-là !... l'autre i te vient avec son sponton ; ze pare le coup de la main gauce et ze le vas taper de la main droite, lorsque moussu de Fourbin, mon capitaine, il arrive. — Ha ! c'est toi, Patron-Zean ! qui me dit. — *Eh ! vous va qui, moussu de Fourbin ; le tron de Diou vous cure !* — Quel bon vent t'amène par là ? qui me dit. Ze li raconte ce qui m'était arrivé. I me dit : — Viens-t'en avec moi, le roi aime les braves zens et i t'accordera ce que tu demandes ; viens. — Ze le voudrais bien, mais ces zens-là i veulent pas me laisser passer. — Laissez passer cet homme ! qui dit moussu de Fourbin. Ze passe, i me font la grimace, mais ze m'en moque.

» Z'entre ; ze vois un bel appartement, car le roi' il est zoliment lozé. Z'ôte mon bonnet et ze salue la compagnie. M. de Fourbin i me dit : —

Voilà le roi. — Ha ! sire, que ze lui dis, commo que vous vous portez? Et madame, commo qu'elle se porte? — Elle se porte bien, qui me dit le roi; la voilà. Ze la regarde, ze vois une belle femme, bien respectable. Ze dis : — Sire, vous pouvez vous zafflater que vous êtes bien heureux. — De quoi s'agit-il ? qui me dit. Ze lui débite tout du long mon petit çapitre ; et quand z'eus fini il appela un grand homme qu'il était en robe noire, et i lui dit : — Faites la permission que Patron-Zean i conserve sa cabano.

» Pendant ce temps, ze me retourne et ze vois un zoli petit enfant. Ze dis à moussu de Fourbin : — Et ce petit moussu, qui est-il? — C'est le dauphin, qui me dit. — Y ressemble à mon fils Zoseph comme deux gouttes d'eau ; vous ne connaissez pas, moussu de Fourbin, mon fils Zoseph ! I n'a que quatre ans, mais il envoie faire son père, que c'est un plaisir...

» Le moussu noir i dit : Voilà la permission, sire, voulez-vous la signer? Le roi signe. Ze prie madame de signer, et tout le monde qui est là. Alors ze compte les signatures : une, deux, trois, quatre, cinq, six, sept et huit. — Les consuls de Marseille i sont que quatre : i pourront pas lutter, que ze dis. Ze remercie le roi, la compagnie, moussu de Fourbin, et ze reviens à Marseillo.

* * *

» Comme ze zasais avec le voisin, arrive le varlet de ville. — Est-i arrivé, Patron-Zean? — Oui, qüe ze suis arrivé! que je dis. — Ah! pour le coup, la cabano à terre! Moussu le premier i va venir, avec quatre sarpentiers qui vont mettre la hace dedans. — Allez dire à moussu le premier que z'ai derrière ma porte de quoi le régaler! Pendant qu'il y va, ze prends quatre hosties, z'en mets une à çaque coin de la permission, et ze la colle sur ma porte. — Où-t-il est, cet insolent de Patron-Zean? qui dit moussu le premier. Z'ouvre ma porte, et ze li casse le nez avec le nom de *Louis*.

» Cet homme il recule. — Ze vois, Patron-Zean, que vous pouvez garder votre cabano, qui dit ; et si vous avez besoin de ma protession, ze vous la promets. — Ze vous remercie, moussu le premier, que ze lui dis, mais z'ai besoin de rien.

* * *

» Voilà, moussu, l'histoire de Patron-Zean.

Depuis, ze suis resté dans ma cabano à gagner ma vie tout doucement, et à prier Diou pour notre roi. A sa santé ! »

(*Le patron Jean trinque avec le lieutenant de vaisseau.*)

XVI

CARPENTRAS

Carpentras me tentait depuis longtemps. J'ai voulu voir Carpentras ; et un jour d'hiver, je suis parti dans ce but unique.

Avant d'arriver à Avignon, — c'est-à-dire à la station de Sorgues, — on trouve l'embranchement qui se dirige sur Carpentras. Le trajet est de trois quarts d'heure environ, c'est du moins le temps que j'ai mis par une belle matinée de février.

Une des premières choses que j'appris par les voyageurs de mon compartiment, c'est qu'on ne prononce pas *Carpàntrâsse*, ainsi que nous prononçons généralement à Paris. On dit *Carpintra* tout simplement et tout sèchement, — comme avec une intention de couper court à la moindre velléité de raillerie.

Il ne fait pas bon, d'ailleurs, se moquer de Carpentras. Témoin la leçon donnée aux mauvais plaisants par M. Bourbousson, en 1848. — On parle encore de cette histoire dans le pays. — M. Bourbousson était un honorable député du département de Vaucluse, très-attaché à sa province et doué d'une oreille particulièrement mal façonnée aux épigrammes. Or, à cette époque, le *Charivari*, qui était monté sur une gamme bien plus aiguë que maintenant, ne se faisait pas faute de dauber sur Carpentras et ses habitants. — Carpentras, ce bout du monde! — Les habitants de Carpentras, ces Iroquois, ces Hurons, ces Samoïèdes!

M. Bourbousson souffrait beaucoup.

Il se contint pendant quelque temps; mais un jour que sa bonne ville de Carpentras avait été plus ridiculisée que de coutume, le sentiment de l'amour du clocher vibra énergiquement en lui, et il se décida à aller demander, dans les bureaux du journal, l'instigateur de ces éreintements systématiques. Dès qu'il lui fut connu, il l'amena sur le terrain. On se battit au pistolet; — et M. Bourbousson blessa son adversaire. Ce jour-là, Carpentras fut vengé.

Mais pourquoi se moquerait-on de Carpentras?

C'est une ville attrayante au possible ; non orgueilleuse ; on ne l'aperçoit pas tout d'abord ; elle ne se jette pas à la tête des gens; elle est assise sur un plateau modéré, — mais admirablement et grandiosement entourée.

Comme le jour allait baisser, je me dirigeai immédiatement, — d'après quelques indications sommaires, — vers la promenade qui fait une ceinture de beaux arbres à Carpentras. Rarement je me suis trouvé en face d'un horizon aussi étendu et aussi varié. A mes pieds, c'est-à-dire au bas du rempart, se déroulaient à perte de vue des champs cultivés, coupés de maisonnettes aux tuiles rouillées. Dans le fond, se dressait le Mont-Ventoux, ce géant de la Provence, coiffé de neige.

A peine interrompue par un faubourg, la promenade reprend et fait le tour de la ville. Le tableau se transforme sans perdre de grandeur. Un aqueduc de l'effet le plus charmant enjambe le paysage, et, grâce au crépuscule, semble courir dans la plaine au galop de ses nombreuses arches. Un brin de rivière étincelle à diverses places dans l'herbe rembrunie.

La nuit me talonne, elle me rejoint, me gagne tout à fait ; me devance et m'enveloppe à la hauteur de la porte d'Orange, — une porte très-élevée, très-belle, formidable comme une strophe de la *Légende des siècles*. Je passe sous sa voûte sinistre, et me voilà engagé dans les rues étroites et sinueuses de Carpentras, au milieu des cris des enfants revenant de l'école et des marteaux des taillandiers. Je ne me hâte plus, et je marche au hasard, m'arrêtant à chaque détail. Ce détail, c'est tantôt une boutique mal éclairée, avec une vieille à demi endormie sur une chaise de paille, son ouvrage tombé à ses pieds, — tantôt la porte d'un hôtel me laissant apercevoir un escalier immense, — tantôt une église mutilée, incomplète, dont la pierre s'égrène aux vents et à la lune.

Ici la place du marché; des maisons à pilier; une fontaine aux sculptures agréables : une statue de la Vierge dans un angle de muraille. J'erre, je reviens sur mes pas, je m'égare à dessein.

Enfin, je sors de ce vieux quartier, et je débouche dans des voies plus larges, où des cafés coquettement éclairés m'annoncent que je me retrouve en pleine civilisation. L'enseigne d'un *Alcazar* frappe mes yeux.

Un Alcazar; oui, j'ai bien lu; un Alcazar et

tout ce qui s'ensuit sans doute : une Thérésa, un bossu, un improvisateur, des clowns. L'Alcazar de Carpentras ! Peu s'en faut qu'à mon tour je ne tombe dans ce système de plaisanteries saugrenues que j'ai condamné tout à l'heure.
— Cet Alcazar me gâte Carpentras ; dès ce moment, Carpentras n'est plus pour moi qu'une ville ordinaire, la ville de tout le monde ; Carpentras cesse de m'intéresser, et je pense à autre chose, — à mon dîner, par exemple, dont l'heure va sonner.

On m'avait prévenu, à tort où à raison, que je ne pouvais pas dîner ailleurs qu'à l'hôtel de l'Univers. C'est donc à l'hôtel de l'Univers, dans une salle vaste et froide, que j'ai fait dresser mon couvert. Les petits artichauts de Cavaillon sont exquis, c'est connu. Les truffes de Carpentras luttent vaillamment contre les truffes de Périgueux.

Autour de moi, les servantes vont et viennent ; leur voix a, comme celle de toutes les femmes de la Provence, cet accent mutin et bref qui s'accorde si bien avec l'allure preste et l'œil riant.

Que ferai-je du reste de la soirée ? Mon bon génie m'envoie me heurter contre une affiche de spectacle. Il y a un théâtre à Carpentras, en face de l'hôtel de l'Univers, et sur ce théâtre on joue la *Belle Hélène!* — J'ai donc vu la *Belle Hélène* à Carpentras, et j'y ai même goûté un certain plaisir, malgré l'insuffisance de l'orchestre et les anachronismes de la mise en scène.

Si l'on tient à agrémenter son itinéraire, on peut s'en revenir de Carpentras à Avignon par les messageries Garcin, comme je l'ai fait, dans une brave diligence du temps passé, qui vous secoue bien, et vous dépose, au bout de deux heures, sur la place Crillon.

XVII

ITALIE

Turin, 30 novembre 1859.

Je viens voir l'Italie frileuse, l'Italie moins son ciel et les touristes. Je suis servi à souhait : il fait un brouillard qui ne serait pas désavoué sur les boulevards parisiens. La première enseigne que je lis à travers les vitres de l'omnibus du chemin de fer, qui me conduit dans l'intérieur de Turin, est celle-ci : *Café Solferino*. — Après cinq minutes de trajet, je descends à la *Pension suisse*, rue Charles-Albert, un hôtel comme tous les hôtels, où l'on me donne une chambre comme toutes les chambres. Sur la tapisserie un voyageur français a tracé au crayon la liste de son linge : deux chemises, quatre faux cols, onze mouchoirs. — Onze mouchoirs, il est évident que ce voyageur était puissamment enrhumé.

Le temps de réparer ma toilette, et je me précipite hors de l'hôtel, au hasard : je me répands dans les rues, j'encombre les faubourgs, j'erre sur les quais, je tourne sur les places. Partout une régularité que m'avaient annoncée les *Guides;* des arcades où circulent des abbés à la redingote courte, au chapeau triangulaire ; des perspectives de plusieurs kilomètres ; tous les cinquante pas une église ou un théâtre ; des *bersaglieri* causant avec des marchandes de pommes, coiffées de la traditionnelle *marmotte ;* le portrait de Victor-Emmanuel à toutes les montres des magasins, en grand uniforme et en caporal de zouaves ; des vendeurs de journaux à se croire en plein Paris ; des omnibus informes et jaunâtres, des coupés de remise, tout le train d'une capitale enfin, avec quelque chose d'éclairé et de joyeux dans les physionomies.

J'irai au théâtre ce soir, bien certainement, malgré ma fatigue. Le Théâtre-Royal est fermé ; mais dix autres affiches me sollicitent. A laquelle entendre ? Le théâtre Carignan annonce *Norma :* — le théâtre Scribe joue *Un Monsieur qui suit les femmes* et *les Femmes qui pleurent*, comédie par MM. Thiboust et Girardin (au lieu de Siraudin); — le théâtre Rossini : *Stenterello e sua Figlia, comici ambulanti;* — le théâtre Gerbino : *Silvio Pellico e le sue Prigioni, o i Carbonari del* 1821 ; — le théâtre Alfieri (on ne va peut-être pas me croire) : *Madamigella Rachele o il Padre della Esordiente, commedia in 4 atti*, *del Scribe e Bayard.* Je suis resté pétrifié devant ces mots : *Mademoiselle Rachel ou le Père de la Débutante!* Quel trait de génie de la part de l'impresario! — Je crois inutile d'ajouter que M. Scribe est absolument étranger au *Père de la Débutante*, un des derniers vaudevilles de Théaulon. Ici, M. Scribe est de toutes les pièces, comme le fromage est de tous les plats.

Les salles de marionnettes ont, elles aussi, de grandes affiches, comme les autres. Le *teatrino San-Martiniano* et le *teatrino del Gianduja* annoncent tous les deux une imitation sérieuse de *Norma*, qui est, à ce qu'il paraît, la vogue du moment. — Eh bien! je verrai les trois *Norma* dans la même soirée ; j'en aurai le cœur net.

J'entre au café Fiorio, dans la rue du Pô, un

café sans luxe extérieur ni intérieur, mais qui m'a été indiqué comme le rendez-vous de la bonne compagnie de Turin. Sur une table est la carte des *pezzi duri* ou morceaux durs : des glaces aux cédrats et aux fraises, aux pêches et aux limons ; des crèmes à la cannelle, à la vanille, au chocolat ; des bombes et des *biscotti*. — Pour l'instant, je me contente du vermout prévu.

Il est cinq heures. — Une invitation de M. le duc de San-Donato me requiert à dîner avec un de mes amis à l'hôtel de Londres. Le duc de San-Donato, ancien député au parlement de Naples en 1848, premier aide de camp de Garibaldi dans la dernière guerre, est un des plus aimables et des plus spirituels personnages qu'il soit possible de rencontrer. Il est bien connu par ses sympathies pour la presse française. — Cette première fois, je ne prête peut-être pas à la cuisine italienne toute l'attention qu'elle mérite ; les grivés à la *polenta*, la purée de truffes blanches, le thon en salmis se succèdent sur la table.

Sept heures.

Au dessert, j'ai mal déguisé mon impatience pour me rendre au théâtre ; et M. de San-Donato ayant bien voulu m'excuser, je suis sorti avec mon ami. Cet ami, qui figurera souvent dans ces notes, me demande à n'y être désigné que sous son prénom de Carlo. Il connaît l'Italie moderne aussi bien que Stendhal, et ce m'est une excellente fortune de l'avoir pour compagnon. Carlo, donc, m'a pris sous le bras et m'a conduit au théâtre Carignan, — dont la décoration rouge, sombre et dorée m'a rappelé la salle de spectacle de Versailles, mais agrandie. Le parterre seul était plein ; les loges n'ont commencé à être occupées qu'à partir du deuxième acte. Je ne m'appesantirai pas sur l'exécution de l'opéra ; elle a été supportable ; toutefois je n'ai pu m'empêcher d'être choqué, — puis égayé, — par l'entrée en scène d'un groupe de soldats romains, portant leurs cahiers de musique commodément fichés sur leurs clarinettes, sur leurs cornets à pistons, sur leurs ophicléides.

Du théâtre Carignan je me suis transporté, d'après mon programme, au *teatrino* de San-Martiniano. *Norma* allait finir ; deux marionnettes se débattaient sur un bûcher, duquel un guerrier, s'élevant de terre par sauts inconsidérés, approchait une torche en tremblant.

En tant que fabrication, ces pantins n'ont rien de supérieur aux nôtres, mais ceux qui les font mouvoir mettent dans le débit de leurs rôles un accent passionné qui nous est inconnu en France. La salle est petite et nue, mal éclairée ; quatre ou cinq quinquets classiques, avec leurs disques réflecteurs en fer-blanc, forment la rampe. — On allait continuer la représentation par la *Crinolomania* ; le temps me manquait pour y assister.

A dix heures, j'étais devant le contrôle du théâtre de Gianduja. Qui ne sait que Gianduja est le Polichinelle piémontais par excellence ? C'est cette figure, qu'on retrouve en tout pays, de rustre narquois, cynique, épais, — satire populaire, politique quelquefois.

Par malheur, je suis arrivé trop tard pour voir Gianduja dans ses fonctions d'écuyer de Pollion. Mais j'ai pu l'apprécier dans la seconde pièce : *le Puits des fourberies*, « gracieuse farce toute de rire, » selon l'affiche. La toile s'est levée sur un effet de neige : des montagnes et des sapins ; à droite, une cabane ; à gauche, un puits. Au bruit d'une cloche agitée à sa porte, Gianduja a paru, en chemise et en bonnet de coton, des bas rouges, une lanterne à la main.

La salle a tressailli en retrouvant son héros. —
« Qui frappe à cette heure ? » demande Gianduja. — « C'est moi, Barberine, ta femme ; » dit une petite marionnette coquettement habillée. — « Allons donc ! » reprend Gianduja, à sa fenêtre ; « Barberine est une honnête femme qui ne court point les chemins par la nuit et le temps qu'il fait ; à d'autres ! »

J'ai reconnu *Georges Dandin*, mais je n'ai pas moins continué de rire. Va pour Molière en Piémont ! Gianduja demeure sourd aux supplications de Barberine ; il referme ses contrevents et rentre chez lui. — « Gianduja ! Gianduja ! » s'écrie d'un ton éploré la petite marionnette, en se trémoussant. — « Gianduja est dans son lit, les jambes étendues, et il réchauffe sa carcasse ! » Ainsi parle l'égoïste, du fond de sa maison. Ce qu'entendant, Barberine feint de se noyer et jette une pierre dans le puits. Vous savez le reste : Dandin-Gianduja se sent pris de remords et se relève pour constater le décès ; aussitôt Barberine se précipite dans le logis conjugal, dont elle referme la porte. Aux cris poussés par Gianduja, le beau-père arrive, en habit marron parsemé de pois de couleur, et lave d'une grave façon la tête à son gendre. Le mot célèbre : *Tu l'as voulu, Georges Dandin !* est remplacé par celui-ci, plus philosophique dans la bouche de Gianduja : « Allons manger une douzaine de *peveroni !* » Les *peveroni* sont les piments du Piémont ; le peuple s'en repaît avec avidité ; c'est à la fois son ail et son alcool.

Ce dernier *teatrino* est encore plus laid que celui de San-Martiniano. Je le quittai à onze heures, et je passai, pour m'en revenir, devant les hôtels du *Bœuf-Rouge* et de la *Bonne-Femme*. Les rues de Turin étaient pleines de gens qui chantaient, — non des ivrognes, non des virtuoses, — mais des artisans de belle humeur et de franc gosier. Leurs chants me poursuivirent jusqu'à ma *Pension suisse* ; je les entendis une partie de la nuit.

1er décembre.

Je suis sorti ce matin à neuf heures, avec l'intention d'explorer les étalages et les magasins des bouquinistes, dont le nombre m'avait frappé. C'est un devoir auquel je ne manque jamais en voyage et qui me rappelle mes plus chères distractions de Paris. Les bouquinistes de Turin sont groupés sur une ligne assez étendue : ils occupent presque tout un côté de la rue du Pô, depuis le palais du roi jusqu'à la place Victor-Emmanuel. — Deux noms dominent uniformément dans chaque étalage : *Alessandro Dumas* et *Paolo di Kock*. — Le bon marché y est à l'ordre du jour, comme chez nous, comme partout ; ce sont de petits volumes de poche, ornés d'une gravure sur la couverture, assez mal imprimés généralement. J'ai cru m'apercevoir que les traducteurs en prenaient à leur aise, surtout avec nos auteurs dramatiques : dans *les Trois Maupin*, ils ont supprimé le nom de M. Henri Boisseaux, le collaborateur de M. Scribe ; dans *le Mari à la campagne*, ils ont changé M. de Wailly en Bailly. — En fait de répertoire italien, je me suis rendu possesseur de *Pipelè o il Portinaio di Parigi*, c'est-à-dire *Pipelet ou le Portier de Paris*, mélodrame en quatre actes.

J'ai vu quelques beaux livres d'art ; mais les bouquinistes piémontais sont comme les nôtres : ils connaissent la valeur de leurs volumes. Le temps des trouvailles est passé, — c'est désolant.

Voici l'époque des Almanachs ; j'en fais provision pour mes veilles : *Almanacco nazionale*, *Almanacco per ridere*, *Almanacco della Legge* communale, *Almanacco di Sanremo,* — et le plus gouailleur de tous : *Gerolamo, spia del contadino malizioso* (Jérôme, espion du paysan malicieux), imprimé à Asti et écrit entièrement en vers.

Quatre heures.

C'est surtout en voyage qu'on est obligé de faire comme tout le monde, — en dépit de sa propre volonté. Moi, qui habite Paris et qui n'ai mis les pieds ni aux Gobelins, ni au Musée d'artillerie, ni aux Missions étrangères, je viens de visiter la plupart des édifices de Turin. Les tableaux, les couvents, les athénées tourbillonnent devant mes yeux ; — j'ai besoin de me reposer et de fixer le regard sur quelque chose qui ne soit pas un chef-d'œuvre.

Autrefois, Turin était fameux par la grande quantité de ses églises. Un *ana* du xviiie siècle raconte qu'un étranger demandait le temps qu'il fallait pour en visiter les antiquités. *Un'ora,* lui répondit-on. — Et les curiosités ? — *Un giorno.* — Et les musées ? — *Una settimana.* — Et les cafés ? — *Un mese.* — Et les théâtres ? — *Un' anno.* — Et les couvents ?

— *Un secolo*. — Et les églises? — *Sempre!*

Il n'en est plus ainsi aujourd'hui. Turin a rasé ses chapelles ou en a changé l'appropriation. Il y a toujours cependant un grand bruit de cloches, mais elles ne sonnent plus que les heures. Autant en emporte le vent !

Je ne décrirai ni ces églises, ni ces tableaux ; les livres spéciaux sont abondants sur ces matières.

Sous les arcades, on me fait remarquer un homme blond, grand, distingué, l'œil très-doux, devant qui tout le monde se découvre. C'est M. Rattazzi, le ministre de l'intérieur, à qui je dois être présenté ces jours-ci. — Un peu plus loin, Carlo accoste M. Valerio, promu récemment au titre de gouverneur de Côme ; M. Valerio m'engage vivement à visiter sa nouvelle province.

2 décembre.

La neige tombe. Les montagnes qui enferment Turin disparaissent dans un brouillard épais. Que faire? Aller au café Fiorio. Et puis? toujours au café Fiorio. De même que l'Italie entière est à présent résumée dans Turin, de même Turin tout entier est dans le café Fiorio.

C'est un salon, une halle, un club; — et même un café. Pourtant, remarquez que c'est le plus laid ou du moins le plus insignifiant de tous les établissements de ce genre ; il se compose de quatre petites pièces à la suite les unes des autres. Sur ces banquettes de vieux velours viennent s'asseoir indistinctement des hommes d'État, des grisettes, des prêtres, des militaires, des *facchini*. Voici le comte Gallina, ancien ambassadeur à Paris et à Londres ; voici le marquis Alfieri, président du Sénat ; il va, les mains derrière le dos, voir jouer une partie de billard. — La porte s'ouvre devant les aides de camp du roi, le général Sanfront, le général Actis et le comte de Cigalla ; le professeur Berti demande une limonade ; le cavalier Biglioni, dont les désastres au whist sont fameux, propose une partie au comte Cappello ; le chevalier de la Rochette, peu soucieux de sa toilette, en véritable savant qu'il est, traîne ses pantoufles le long de chaque table ; un conseiller d'État, M. Mathieu, s'entretient avec M. Franzini, un général. — Le comte Chiavarino bâille au nez d'une gazette. Voulez-vous voir le marquis Ricci, Génois éminent? il est là-bas auprès de M. Melegari. Cette figure maigre est celle du marquis Birago, directeur

ITALIE

du journal *l'Armonia*, qui est *l'Univers* de Turin.

— Tournez vos regards du côté des Napolitains : là sont le duc de San Onufrio, le baron Plotino, le major Carrano, et M. Cordova, ex-député au parlement de Sicile ; ils causent à voix basse, et la tristesse est peinte sur leurs expressives physionomies. — Un autre coin, d'une espèce différente, est celui des anciens gentilshommes de la chambre du roi, supprimée depuis le nouveau règne ; ceux-ci passent leurs journées à grommeler, à soupirer et à parler du vieux temps avec Augustin, un des propriétaires du café, toujours en habit noir.

La fleur des pois fait son entrée : le comte Charles de Robilant serre toutes les mains tendues vers lui ; le marquis Bertone de Sambuy feint de n'apercevoir personne. Sur le seuil se tiennent d'autres élégants Piémontais qui lorgnent les femmes, et les femmes paraissent enchantées d'être lorgnées. C'est que l'approbation des habitués du café Fiorio fait autorité ; telle Turinoise, qui aura une robe nouvelle, s'empressera de passer devant le café Fiorio, et, si elle recueille un murmure flatteur, elle emportera du bonheur pour toute la journée ; ce n'est pas au cours qu'un Turinois fait piaffer son cheval ou courir sa voiture, c'est devant le café Fiorio, toujours le café Fiorio.

Fiorio est un nom d'homme.

3 décembre.

Journaliste français, il était de mon devoir d'aller saluer quelques-uns de mes confrères du Piémont ; je n'ai pas besoin de signaler l'importance et le développement acquis par la presse sarde depuis ces derniers temps. Dix feuilles quotidiennes, au moins, desservent chaque matin l'impatience nationale : *l'Union, l'Estafette, l'Espoir, le Campanile, le Droit, l'Opinion, la Gazette piémontaise, la Gazette du Peuple* (à un sou), *l'Harmonie*, etc. — Il en est d'autres, d'une publicité plus restreinte, des *Mouvement*, des *Moment*, des *Indépendance,* que sais-je ? Puis des journaux satiriques à foison ; le premier est *le Sifflet*, qui publie une caricature tous les jours ; après lui, *Pasquin*, hebdomadaire et illustré ; le plus petit et le dernier venu est *Figaro à Turin*.

Je me suis rendu d'abord au bureau de *l'Union*, dans un entresol plus que modeste. Au milieu d'une bibliothèque, penché sur un pupitre, j'ai trouvé un petit homme d'une cinquantaine d'années, à l'encolure puissante, coiffé d'un bonnet grec en velours ponceau,—M. Bianchi-Giovini, un énergique polémiste, un travailleur infatigable. Il fait presque à lui tout seul son journal, le plus accrédité peut-être. Nous causons une demi-heure environ ; en prenant congé de lui, et pendant qu'il me reconduit, j'aperçois le corridor barré par un chien énorme. C'est le terre-neuve de M. Bianchi-Giovini; j'essaye de le caresser, mais un grognement d'une nature peu rassurante m'oblige à retirer la main. M. Bianchi-Giovini et son chien sont populaires à Turin.

Après avoir vu l'ancien journaliste, il me fallait voir le journaliste moderne. Le type m'en est fourni par M. Marazio, rédacteur en chef du *Droit*, un jeune homme et un avocat distingué. Ses bureaux sont confortables, élégants même. Au *Droit* comme à *l'Opinion*, je suis reçu avec cette confraternité dont les témoignages doublent de valeur à l'étranger.

Au *Fischietto* (*le Sifflet*), je feuillette la collection, remplie de lithographies que signeraient Daumier et Cham. *Le Sifflet* existe et siffle depuis douze ans. Il vient de publier ses *étrennes* annuelles, — un almanach illustré et rempli de facéties originales et fines.

Une partie est intitulée : *les Français à Turin.* C'est la collection des jeux de mots nés de la confusion des langues pendant la guerre. Les *cabassini* ou serviteurs de place y sont raillés pour la prolixité de leurs renseignements à cette époque, et l'on y cite la réponse de l'un d'eux à un de nos cuirassiers qui lui demandait le quartier de cavalerie : — *Allez toujours dritt devant vous jusqu'à Santa-Teresa; après, voltez à gauche, et allez toujours dritt devant vous pour arriver à la place du Caval d' Bronz; depuis, voltez encore à gauche pour infiler contra Neuva; si volez scurser, passez par la galerie Natte; traversez piazza Castell', slongand' les pas dans la rue du Pô; contez cinq isoles, revoltez à gauche, et vous trouverez la caserne, bien sieur.* — Mais si je me trompe? objecte le cuirassier. — Il est impossible que vous vous *trompettiez.*

Même jour.

Dîner chez M. Giacomelli, un des peintres du roi. — Deux beaux enfants, l'un de quatre ans, l'autre de six, sautent sur mes genoux, et, en-

tendant les éclats d'une toux que j'ai apportée
de France, s'écrient dans leur gentil baragouin :
— « Grosse tambour ! grosse tambour ! » Je
passe là trois ou quatre heures charmantes.

Le temps s'écoule dans une causerie artistique
et presque intime. — Invité à prendre le thé
chez le prince Lubomirsky, je me hâte de me
faire conduire à son hôtel ; mais trop tard ! Le
prince vient de rentrer dans ses appartements.
Je regrette beaucoup ce contre-temps qui me
prive de voir un des premiers salons de Turin ;
car le prince Lubomirsky, naturalisé Piémontais, est marié à une grande dame française dont
tout le monde s'accorde à vanter l'esprit et les
grâces.

6 décembre.

La loterie existe à Turin. On comprend que
je ne manque pas cette occasion de m'enrichir
sans rien faire. Le cœur ému, j'entre dans un
bureau grillé et encombré de cartons, où un
vieux bonhomme me présente un sac rempli de
boules de loto, en m'invitant à y plonger les
mains. Je remue le sac, selon l'usage, et j'attire
plusieurs numéros qui sont immédiatement en-
registrés. — Si je gagne, je jure de... Mais gar-

dons mes projets pour moi seul ; ne les confions pas même au papier.

Même jour. — Neuf heures du soir.

Passant devant le théâtre Rossini, rue du Pô, je prends un billet et j'entre dans la salle. Il n'y a de place nulle part. Debout au milieu du parterre mobile, j'écoute sans y comprendre grand'chose quelques scènes d'une pièce intitulée : « *Nom, fortune, patrie, avec Stenterello, maçon, dépositaire fidèle et père par accident.* » Stenterello est le type toscan, comme Gianduja est le type piémontais ; au physique, c'est un drôle grimé à la mode des clowns ; ses sourcils, que le charbon a tracés, ressemblent à deux arches de pont ; il est coiffé d'un tricorne galonné de blanc ; derrière lequel se redresse une queue très-serrée dans un ruban noir ; il a une veste bigarrée. Ses plaisanteries me paraissent lourdes et violentes ; il se mêle à tout et de tout ; il est indispensable, quoique souvent il ne tienne pas à l'action. Dans ce dernier cas, on ajoute au titre de la comédie, comme ce soir : « *Avec Stenterello,* » et Stenterello de se promener à côté de l'intrigue, jetant son mot, prodiguant sa gambade. — Quand je dis que je ne comprends rien à la pièce, c'est une erreur : je devine qu'il s'agit d'un fils naturel abandonné par une grande dame; une cicatrice le fait reconnaître d'un vieil intendant, etc. — Je m'en vais.

7 décembre.

Présentation au comte Nigra, ministre de la maison royale. — M. Nigra, ancien banquier de la cour, est un homme de haute taille, parlant posément, écoutant. Il a rendu, en des temps difficiles, des services au Piémont. Son accueil est un de ceux dont j'aimerai à me souvenir.

Tout artiste ou tout lettré, tout patriote ou tout homme du monde ne saurait passer à Turin sans aller faire une visite à Vincent Vela, un des premiers sculpteurs de l'Italie. — Vela, pour ne citer que sa dernière œuvre, est l'auteur de cette statue qui s'élève sur la place du Château, et qui représente un soldat tenant le drapeau italien ; personnification et glorification de l'armée sarde tout entière. Vela a décoré plusieurs villes, Milan entre autres, et il n'a pas quarante ans. J'ai été frapper chez lui, ce matin ; mais le hasard veut qu'il soit en voyage ; de ses ateliers un seul était ouvert ; j'ai poussé la porte et je suis entré. Un de ses élèves travaillait à un buste de Dante, dont le long regard et la maigreur énergique m'ont donné froid ; j'ai répété mentalement le sonnet d'Auguste Barbier : *Dante, vieux Gibelin...*

Je vois dans cet atelier une copie d'une composition renommée pour son élégance : *la Musique pleurant sur les restes de Donizetti*. L'attitude de cette femme est pleine d'abandon, et l'étoffe est traitée avec autant d'ampleur que de simplicité; le bras gauche tombe mollement sur le genou. Dans un bas-relief, cinq ou six petits génies brisent leurs lyres ; leurs mouvements sont adorables ; je ne reproche à ce bas-relief, qui fourmille de détails exquis, qu'une gaieté incompatible avec le sujet. Je retrouverai ce monument dans le cimetière de Bergame, où l'auteur de *Lucie* est enterré.

Les autres morceaux qui attirent mon attention sont : une statue colossale de Minerve, destinée à la ville de Lisbonne ; — le *Printemps*, figuré par une jeune fille, riante, palpitante, frêle, une merveille de fraîcheur et de vie ; — le buste de M. Camille de Cavour ; — une *Veuve* étouffant ses sanglots avec son mouchoir ; — et un grand nombre de personnages de grandeur naturelle, savants ou politiques, dont je n'ai pas su retenir les noms. Vela a une fécondité singulière, et je n'ai vu qu'un de ses ateliers.

Les cloches sonnent à toute volée ; les magasins sont clos ; la foule remplit les rues. C'est la fête de la Conception.

Demain, je pars pour les duchés de Parme et de Modène.

8 décembre.

A cinq heures et demie du matin (ô barbarie!) j'ai quitté Turin ; et, tout grelottant, les yeux rougis, le teint marbré, je me suis confié au chemin de fer d'Alexandrie. A Alexandrie, un nouveau train m'a conduit au pont de la Trebbia ; de là, un infernal omnibus, bas, disjoint, aux vitres brisées, sautillant sur les pierres, s'enfonçant dans la boue, frémissant à chaque cahot, m'a jeté, — c'est le mot, — dans Plaisance la mal nommée. Aux portes de la ville, je reconnais un factionnaire français, un vrai *pioupiou*, piétinant dans la neige et soufflant dans ses doigts. Je m'informe : notre armée est représentée ici par une garnison de huit ou dix mille hommes. Ne serait-ce que pour revoir encore ces têtes amies et riantes, je veux m'arrêter à Plaisance...

Mais, au bout de deux heures, le sentiment national étant pleinement satisfait, — ainsi que le sentiment artistique, — je m'enquiers du prochain départ du chemin de fer. J'emploie le temps qui me reste à retourner devant la Municipalité, une merveille architecturale; je n'ai d'yeux que pour ce palais, qui est toute la ville.

Les Autrichiens ont détruit une partie des fortifications de Plaisance.

Plaisance, 9 décembre.

La neige ne m'a pas quitté depuis Turin ; c'est une désolation répandue sur ces campagnes plates, dont la plupart des arbres ont été coupés au niveau du sol. La neige fait avec moi son entrée à Parme. Il est nuit, mais les rayons de la lune luttent victorieusement contre le brouillard, et aident les campaniles à se détacher sur le ciel. Je me promène dans des rues d'une largeur énorme, le long desquelles glissent des Italiens entortillés plutôt qu'enveloppés dans leurs manteaux. La ville est muette, quoiqu'il ne soit que huit heures ; une buée épaisse attachée aux vitres des cafés m'empêche de voir à l'intérieur. Mes pas qui retentissent sur les trottoirs me portent devant le palais, silencieux et fermé, et dont la solitude ressort davantage en présence de deux jets de gaz, sentinelles indifférentes et flamboyantes. — Ces trois fenêtres, au premier étage, du côté de l'ancien palais, sont celles de l'appartement habité par le comte de Chambord, pendant ses séjours à Parme.

Les alentours du théâtre, attenant au palais, sont pareillement déserts ; et je le croirais fermé, lui aussi, si je n'apercevais tout à coup une porte s'entr'ouvrant et une ombre se faufilant. Je suis cette ombre, et je me convaincs qu'il y a spectacle ; on joue une traduction d'une comédie française, en cinq actes : *le Bourgeois de Gand*, par M. Romand. Placé au parterre, j'examine la salle, qui est très-grande et très-brillante, mais à peu près vide. Dix minutes me suffisent pour m'y ennuyer. Je sors. — Au détour du théâtre, j'arrive sur une vaste place dont les édifices sont à demi noyés dans le bleu de la nuit. Une colonne ornait, il y a quelques semaines, cette place ; on l'a abattue ; c'était celle au faîte de laquelle avait été exposée la tête du malheureux Anviti, — le colonel qui eut l'imprudence de traverser une ville où il était exécré.

Les souvenirs, les réflexions, le froid, tout cela m'oblige à regagner plus tôt que je ne le voudrais l'hôtel de la Poste. Et comme pour m'entretenir dans une mélancolique disposition d'esprit, des musiciens installés au-dessous de moi ne cessent de jouer pendant une partie de la nuit le *Miserere* de Verdi, ce sanglot sublime, ce déchirement d'une âme et d'une nation. — Quand reverrai-je, ou, pour mieux dire, quand verrai-je Parme? Je ne l'ai que soupçonnée. Pourtant ce soir, cette brume, ce palais, cette place, cette colonne, ce chant, resteront longtemps gravés dans ma mémoire.

Même jour, Parme.

Départ de Parme à six heures et demie du matin. Je cesse de me lamenter, et je m'accoutume au wagon.

Vers neuf heures, Modène apparaît glacé, gelé, fortifié. Un *brougham* me fait traverser la ville en tous sens à la recherche d'un hôtel. Tout est plein et surplein; l'armée de la ligue occupe tous les logements. Il me faut rester au camp volant chez un restaurateur.

Dans cette course forcée, j'ai vu Modène de façon à n'en ignorer aucune arcade, aucune maison. Il se peut que ce soit un séjour très-maussade (ainsi que je l'entends dire autour de moi), mais je n'hésite pas à déclarer que j'ai rarement vu de cité plus caractérisée, plus complète, plus empreinte de la couleur et des mœurs du passé ; on n'a pas touché à une seule pierre de Modène depuis trois ou quatre siècles, j'en suis certain.

Pour étudier l'église principale seulement, il faudrait une semaine. Il y a trois églises dans cette église : une au ras du sol, une supérieure, une souterraine. Chacune d'elles a son aspect particulier, — gracieux, solennel et sinistre.

Les femmes de Modène ont la tête enveloppée d'une cape ; c'est tout ce qui reste du costume local. Elles portent la crinoline, comme partout, — mais la crinoline ridicule, bossuée, mal attachée, flottante, et par-dessus cette crinoline une chétive robe à carreaux.

Vers deux heures, je me suis rendu au palais, résidence de M. Farini. En attendant que le dictateur pût me recevoir, j'ai parcouru les salles,

les appartements, les galeries. François V n'a pas tout emporté; il a laissé des meubles magnifiques, et quelques-uns des bustes de sa famille. Les pièces habitées aujourd'hui par le général Fanti contiennent d'admirables tapisseries, d'une vivacité de couleurs que rien n'égale; elles racontent les aventures de Don Quichotte. Quant au musée, il se compose d'une douzaine de salles, où tous les maîtres italiens sont représentés par des pages importantes, sinon supérieures; — je dis *tous*, sans exception, et j'insiste sur ce mérite de la galerie de Modène, qui en fait un précieux répertoire.

Modène, 10 décembre.

A deux heures trois quarts, j'ai été introduit auprès de M. Farini, dans une chambre très-haute, tendue de vert, devant une cheminée à colonnettes de marbre blanc. Je n'ai pas besoin de rappeler le rôle de M. Farini dans ces dernières circonstances : acclamé par les populations de Modène et de Parme, il est à leurs yeux la garantie de l'avenir. Ses antécédents sont ceux d'un écrivain de grand style, d'un pamphlétaire plein de logique et d'ardeur, d'un historien de premier ordre. Il est né à Ravenne.

M. Farini a le visage sérieux et pensif; les cheveux commencent à fuir les tempes; le nez est fort, avec une courbe. Il ne porte que les moustaches, mais abandonnées à toute leur longueur, ce qui lui donne une ressemblance avec Frédéric Soulié. Sa parole est lente, un peu sévère. Notre entretien fut bref : il me parla de la France, je lui parlai de l'Italie. — L'administration des duchés lui est facile, en raison du concours sympathique des habitants; mais il lui faut néanmoins déployer une activité incessante. Arrivé la veille de Parme, il me dit que je le retrouverais demain à Bologne.

Je pris congé sur ce mot, et je redescendis l'escalier du palais de la famille d'Este.

Même jour.

De Modène à Bologne, le trajet en chemin de fer est d'une heure et un quart environ. Je venais de prendre place dans un wagon en compagnie d'un officier français, lorsque la portière se rouvrit tout à coup, livrant passage à une femme vêtue de noir et voilée. Il était nuit close. Chacun de nous offrit son coin à l'étrangère, et une fois cette offre faite et refusée, nous commençâmes, l'officier et moi, une conversation en français, — je dirai même en parisien. A une plaisanterie dont la compréhension ne nous semblait possible que de la Madeleine au passage de l'Opéra, nous surprîmes un petit rire étouffé chez la dame au voile.

— Seriez-vous Française, madame ? demanda aussitôt l'officier.

— Je suis Romaine, répondit-elle ; mais j'ai habité Paris... et Londres aussi.

Romaine, en effet ; car après ces paroles elle releva son voile, et nous reconnûmes ce type énergique et correct qui s'est heureusement perpétué jusqu'à nous. J'avais vu ces traits quelque part ; je cherchai à rappeler mes souvenirs, tout en engageant l'entretien à l'aide de ces passe-partout de voyage : — « Ah ! Paris ! il n'y a que Paris au monde ! etc. » Tout cela pour en arriver, avec une négligence apparente, à cette interrogation : — « Y a-t-il longtemps que vous l'avez quitté, madame ? »

L'inconnue causait bien, très-bien, avec enjouement ; elle savait se dérober à nos questions, toujours ménagées d'ailleurs ; d'autres fois elle allait au-devant. Parlant de Modène et des Modenais, elle dit qu'il faudrait un autre Balzac pour dépeindre cette partie de l'Italie.— Balzac ! à ce deuxième point de contact, j'enfourchai de nouveau le coursier de la tirade. A la fin, mon officier, n'y tenant plus, lui demanda nettement si elle était... artiste dramatique.

Le trait était lancé. — Elle nous regarda tous les deux avec une sorte d'indécision ; puis elle avoua qu'elle l'avait été, mais que depuis plusieurs années elle ne l'était plus, par suite de circonstances *exceptionnelles;* — et, à mesure qu'elle parlait, je me rappelais parfaitement ces cheveux plantés en forêt sur le front, cet œil fier, et jusqu'à cet accent profond, caché sous le rire. Il s'agissait maintenant de connaître le théâtre auquel elle avait appartenu. C'était plus difficile. — Je mis au hasard le doigt sur le Théâtre-Italien ; elle tressaillit et se tut.

A moins de lui demander son nom, nous ne pouvions guère pousser plus loin notre inquisition. Nous le comprîmes tous les trois, car il y eut un silence, qui ne fut rompu, jusqu'à l'arrivée à Bologne, que par de banales remarques sur l'état atroce des chemins de fer et la rigueur de la température. — Mon compatriote et moi,

nous demeurions perdus dans nos conjectures.
— Elle nous salua et monta dans une voiture qui l'attendait à la station.

Pourtant notre curiosité devait être bientôt satisfaite : en descendant, quelques minutes ensuite, à l'hôtel Brun, nous fûmes requis d'inscrire nos noms sur le registre des voyageurs. Je montrai alors à l'officier cette ligne fraîchement tracée : — Madame Ronconi.

Bologne, 11 décembre.

A l'hôtel Brun, je relève un détail qui m'étonne : il y a des chambres et des *demi-chambres*. Naturellement je demande une chambre entière, et l'on me donne le n° 57, — à côté du n° 57 1/2.

Dès mon réveil, je sacrifie au saucisson, qui est, comme je m'y attendais, d'un volume formidable. Ce devoir accompli, je me lance à travers la ville, la plus grande et la plus peuplée que j'aie vue depuis Turin. Pour le coup, je me sens en pleine Italie. — Voici les rues tapissées de fresques, voici les palais massifs aux croisées rares, voici une tour penchée, voici la madone au coin de chaque place et dans chaque corridor d'allée, voici les mendiants épiques, voici la couleur et le style !

Carlo, que j'ai retrouvé à Bologne, où il m'avait assigné un rendez-vous, m'a présenté à M. le marquis Pepoli, ministre des finances de l'Italie centrale, lequel nous a retenus à dîner.

M. le marquis Gioachimo-Napoleone Pepoli, un jeune homme encore, est petit-fils de Murat par sa mère; il a épousé une princesse de la maison de Hohenzollern; par ce mariage et par sa propre origine, il touche donc à toutes les familles régnantes. — Les Pepoli, profondément enracinés dans le sol italien, étaient seigneurs de Bologne il y a sept ou huit siècles. A défaut de cette souveraineté, leur descendant a hérité de l'affection et du dévouement des Bolonais, à la régénération desquels il travaille activement.

Trente-quatre ans, une haute taille, de belles manières, la courtoisie et la dignité réunies, tel est le marquis Pepoli, — qui, comme s'il n'avait pas assez de tous ces dons, s'est encore rendu célèbre par des comédies dont le recueil forme deux volumes in-18 (*Bologna*, 1855). L'une d'elles, *Inès de Castro*, fait partie du répertoire de madame Ristori.

Le dîner a été servi à six heures et demie. La princesse y assistait, ainsi que le professeur Montanari, ministre de l'instruction publique. — Ici on se pare partout de ce titre de professeur. — Pour prendre le café, nous sommes passés dans le cabinet du marquis, un second *musée des souverains*, où j'ai pu regarder et toucher, entre autres reliques, la tabatière que portait Napoléon à Sainte-Hélène, boîte bien simple, dont le couvercle en pierre dure représente une cascade. J'y ai vu aussi le couvre-pied témoin de son agonie ; — plus, quelques volumes d'*Histoire romaine*, qu'il feuilletait souvent.

Le marquis Pepoli, comprenant ma curiosité, me conduit encore devant une aquarelle d'Isabey : le roi de Rome endormi dans son berceau ; — il me montre la plupart des armes de Murat, sa selle opulente, son nécessaire de voyage, — une tête de femme dessinée par madame la princesse Mathilde, etc.

Plusieurs personnes arrivent, des fonctionnaires, des intimes. La princesse les accueille avec une grâce parfaite. Des tables de jeu se forment ; une sorte de bouillotte s'organise avec des cartes nouvelles pour moi ; impossible d'y rien comprendre. Je me rejette sur la salle de billard, où deux patriciens d'un âge respectable s'escriment avec animation.

Enfin le marquis vient de nouveau à mon secours; il ordonne à deux domestiques de prendre des lampes et de nous précéder; il veut jusqu'au bout me faire les honneurs de chez lui et m'initier aux richesses artistiques de son palais. Nous traversons des appartements inondés de dorures et de glaces, au milieu desquels trônent, retirés du monde et loin des admirations vulgaires, les rois de la peinture, particulièrement Léonard de Vinci, le Guide, Tintoret. — Le marquis m'arrête devant une planche de cuivre, où un petit Amour est gravé avec une extraordinaire finesse : c'est l'œuvre du prince de Metternich. — Plus loin, je m'extasie devant un coffret, orné d'émaux par Petitot; les quatre médaillons du dessus, représentant les quatre évangélistes, passent pour être sans égaux. Je marche de merveille en merveille. — Ces douze pierres, pour lequel le mot de précieuses est insuffisant, Michel-Ange les a gravées; homme unique, à qui toute délicatesse et toute grandeur étaient également familières !

Une salle de spectacle, d'un style pompeux,

sert au marquis Pepoli à *essayer* ses pièces, avant de les livrer aux applaudissements du public du théâtre *del Corso* de Bologne et successivement de tous les théâtres d'Italie.

Nous rentrons au salon.

12 décembre.

Ce matin, le secrétaire du marquis Pepoli est venu me prendre en voiture pour me faire visiter Bologne. On ne saurait mieux pratiquer l'hospitalité. — Nous allons sonner au couvent des Dominicains, qui est situé sur une place où s'élèvent deux tombeaux soutenus par de petites colonnes de sept à huit pieds de haut; étranges monuments, qui répandent la tristesse autour d'eux. Au bruit de la sonnette, la porte s'entrebâille; le secrétaire parlemente assez longtemps avec une vieille femme qui semble descendre de quelque bas-relief poudreux ; bien qu'elle ne paraisse guère convaincue, elle nous laisse entrer, mais elle nous quitte aussitôt en marmottant quelques paroles. Je crois compendre qu'elle nous dit de l'attendre.

Nous n'en faisons rien, et nous errons au hasard sous les voûtes d'une galerie aboutissant à un cloître, dont les murailles encastrent les mausolées d'une grande quantité d'ecclésiastiques illustres. Ensuite nous montons un escalier, qui nous mène à des cellules, closes chacune d'une porte de chêne, sculptée, cela va sans dire, car en Italie on sculpte tout, vase, cheminée, girouette; on n'abandonne pas un morceau de pierre, un morceau de bois, sans le soumettre à des caprices plus ou moins égayants. Le *rond* ou le *carré* absolus sont repoussés comme des éléments de mélancolie; on enjolive jusqu'aux clefs, jusqu'aux serrures, jusqu'aux marteaux de porte, jusqu'aux essuie-pieds. Telle est l'Italie. Et quand elle est trop pauvre pour sculpter, elle peint. Une maison qui ne signifie rien par son architecture positive et bourgeoise emprunte immédiatement au rose tendre une physionomie impertinente, qui passe aux yeux des touristes prévenus pour profondément italienne. C'est le dernier et suprême subterfuge de cette nation, qui voit venir avec effroi les entrepreneurs de maisons régulières et blanches, ceux qui ont obtenu les adjudications de la rue de Rivoli et du boulevard de Sébastopol.

Le secrétaire et moi nous commençons à être embarrassés, lorsque d'une cellule nous voyons sortir, les mains pleines de flacons aux trois quarts vidés, un frère pansu et se balançant, qui s'étonne de notre présence et qui nous engage à redescendre avec lui. Nous suivons cet honnête sommelier, qui nous remet dans la voie de la chapelle, — une des plus somptueuses assurément qui soient en Italie. J'ai honte de contempler au pas de course ces chefs-d'œuvre qui ont coûté des existences et des siècles. Mais quoi ? Valait-il mieux ne pas les voir ? Je préfère me condamner au regret éternel plutôt qu'à l'éternel désir.

Du couvent de Saint-Dominique nous allons à l'ancienne Université, tapissée sur tous ses murs et sur tous ses plafonds des armoiries de ses innombrables écoliers. Y a-t-il assez de sirènes, de chevaux fabuleux, de griffons, d'oiseaux armés, d'anges, de tours, de lacs, de flambeaux, d'astres, d'épées, de palmes, de fleurs, de boules, de ruisseaux, de portes, de barques ! — Certaines fresques contiennent de curieux trompe-l'œil, un peu puérils. — La bibliothèque, où l'on a placé le buste du cardinal Mezzofanti, cet étonnant polyglotte, est d'une grande magnificence d'ornementation.

La voiture nous reprend pour nous conduire

à la nouvelle Université. Seconde bibliothèque, moins brillante que la première. Un démonstrateur, fort intelligent du reste, me fait perdre un temps précieux dans l'examen du cabinet d'anatomie, — le plus renommé de l'Italie, à ce qu'il paraît. Il ne nous fait pas grâce d'une seule monstruosité.

— Regardez, nous dit-il avec complaisance, ces pièces de cire exécutées sur nature par une *dame* de Bologne.

Je regarde et je frémis; cela, un ouvrage de dame ! Le musée Dupuytren n'a rien de plus hideux. Il m'amène presque de force devant un cas d'éléphantiasis.

Le sujet se porte aujourd'hui à merveille, dit-il ; il est gaillard comme *vous* et moi.

Je cherche à gagner la porte ; mais le démonstrateur me poursuit toujours ; il me tire par le manteau, et, le sourire aux lèvres :

— Monsieur, encore un cancer ! encore une petite hernie !

Bologne, 13 décembre.

C'est à Bologne que notre poëte comique Regnard (il avait alors vingt et un ans environ, et il voyageait par agrément) fit la rencontre d'une jeune dame provençale, qui exerça une grande influence sur sa destinée. Cette dame était mariée, et son mari ne la quittait pas d'une minute. Le futur auteur de *la Sérénade* la vit chez une marquise Angelini, qui donnait à jouer; il parla, il fut écouté; mais sa funeste étoile voulut qu'il choisît justement le mari pour confident de sa flamme naissante. On devine si celui-ci fut prompt à emmener sa femme et à quitter Bologne. Le futur auteur du *Joueur* les suivit l'un et l'autre jusqu'à Rome, où il perdit leurs traces. Cependant, un soir qu'il se trouvait à un bal de l'ambassadeur d'Espagne, il fut accosté par un masque magnifique qui, contrefaisant sa voix, lui adressa quelques questions en italien, et lui demanda si, depuis qu'il était à Rome, il n'avait point donné dans quelque tendre penchant. Le futur auteur du *Distrait* répondit assez indifféremment; mais le masque le pressa davantage : — « Les beautés romaines n'ont-elles pas assez de charmes pour vous engager, et n'en est-il point qui égale celle que vous rencontrâtes à Bologne ? » Vivement troublé, le futur auteur de *la Coquette* sentit un soupçon traverser son esprit; il allait répondre, lorsqu'une troisième personne s'approcha du masque et l'entraîna. Encore le mari ? Probablement.

Mais, cette fois, le futur auteur des *Folies amoureuses* parvint à découvrir la demeure de la belle Provençale et à s'introduire dans la place. Ses affaires prenaient le meilleur tour du monde, lorsqu'il reçut des lettres de France l'exhortant à revenir en toute hâte pour des motifs de la dernière importance. Il dut obéir ; mais, en route, il tomba malade de chagrin ; la fièvre le retint plusieurs mois à Florence. Enfin, très-faible encore, le futur auteur du *Légataire* prit passage, une nuit, sur un bâtiment anglais qui faisait voile pour Marseille. — Les deux premières personnes qu'il aperçut le lendemain matin, sur le pont, furent la Provençale et son mari.

On a trouvé dans les papiers de Regnard, après sa mort, quelques détails sur ces aventures : « Quand on jetait les yeux sur sa femme, dit-il, de Prade (c'est le nom sous lequel il désigne le mari) entrait aussitôt dans des emportements terribles dont à peine était-il le maître; quand on les en retirait, il savait si bien qu'on était accoutumé à la regarder, que qui ne la regardait pas y entendait du mystère. » Cette situation embarrassante fut brusquement tranchée par l'intervention de deux corsaires turcs, qui donnèrent une chasse furieuse au bâtiment anglais. Dès qu'ils n'en furent plus qu'à une portée de canon, ces drôles se divertirent en arborant successivement les pavillons de divers pays : français, hollandais, vénitien, maltais, — et finalement l'étendard de Barbarie, coupé en flamme au croissant descendant. Ils accompagnèrent cette dernière cérémonie de l'envoi de toute leur bordée. L'Anglais y répondit dans le même dialecte. Le combat fut acharné, mais le résultat ne pouvait en être douteux, les deux corsaires étant armés chacun de quarante pièces. Après la mort du capitaine anglais, qui fut coupé en deux par un boulet, ce qui restait de l'équipage se rendit, ainsi que les deux époux et Regnard. C'était précisément le jour de la fête du futur auteur d'*Arlequin homme à bonnes fortunes*.

On sait comment ces trois personnes furent emmenées à Alger et vendues à des maîtres différents : — la femme au principal gouverneur de la ville, le mari à un marchand quelconque, et l'amant à un riche Maure, du nom d'Achmet-Talem. Ce fut le mari qui se vit encore le plus mal partagé. Le futur auteur du *Divorce,* s'il faut s'en rapporter à sa relation manuscrite, utilisa sa captivité à la peinture sur étoffes et même en bâtiment. D'un autre côté, les biographes contemporains, qui le tenaient pour un *grand faiseur de ragoûts* (c'est leur propre expression que je reproduis), rejettent cette version poétique et veulent qu'il ait été uniquement employé comme cuisinier auprès de son patron. Je n'aurai garde de prendre parti dans une question de cette gravité. Peintre en bâtiment ou cuisinier, le futur auteur d'*Attendez-moi sous l'orme* demeura plus de deux ans en esclavage, tant à Alger qu'à Constantinople ; — on ignore pourquoi il a gardé un silence absolu sur les circonstances de son séjour dans ce dernier lieu.

Il lui en coûta douze mille livres pour la rançon de la belle Provençale et pour la sienne. L'histoire fait même mention d'un valet de chambre à lui, qui fut compris dans le rachat ; mais elle se tait impitoyablement sur le compte de l'époux. — Oh ! Regnard ! — Il a toujours prétendu que, s'étant enquis de cet infortuné, on lui avait répondu qu'il était mort de la peste. Quoi qu'il en soit, le futur auteur de *Démocrite* ne poussa pas plus loin ses informations, et se dépêcha de repasser en France avec sa maîtresse. Tout Arles fut aux fenêtres pour célébrer ce retour; pendant plusieurs semaines les régals et les parties de plaisir se succédèrent à l'envi. Bref, ce roman marchait à grands pas vers son dénoûment naturel, — un mariage, — lorsqu'un événement auquel on était loin de s'attendre vint changer tout à coup la face des choses. Laissons parler l'auteur des *Ménechmes* :

« Zelmis (son pseudonyme galant) était un jour chez sa belle veuve avec quelques-uns de ses amis, quand un laquais d'Elvire vint avertir sa maîtresse que deux religieux, qui venaient d'Alger, souhaitaient lui parler. On les fit monter, et ils entrèrent dans la salle où était la compagnie, suivis d'un homme qui était en fort misérable équipage. La surprise de tous ceux qui étaient présents fut grande à l'abord de ces gens qu'on ne connaissait point; elle fut extrême quand on vit que cet homme si mal vêtu vint se jeter au cou d'Elvire; mais elle fut telle qu'on ne la peut exprimer lorsqu'on remarqua que cet inconnu, après s'être détaché de ses violents embrassements, était de Prade. »

Cette fois, le futur auteur du *Retour imprévu* partit, — et il ne revint jamais.

Même jour.

Disons encore quelques mots de Bologne et des Bolonaises.

Elles se font remarquer par l'abondance et l'épaisseur de leurs cheveux noirs. C'est comme un avant-goût de la campagne romaine. Elles sont petites. Chez elles, elles portent constamment, en guise de manchon, une légère chaufferette de main.

Il y a à Bologne une rue des Orfévres, comme dans toutes les capitales; je m'attendais plutôt à y trouver une rue des Charcutiers; mais, en raison de leur grand nombre, ils sont disséminés partout. Le soir, leurs boutiques empruntent une couleur tout à fait fantastique; qu'on se figure, dans la partie supérieure de chaque porte, un transparent éclairé à la façon des ombres chinoises, et étalant, en rouge sombre, des chapelets de saucissons, d'énormes tronçons de mortadelle qui font songer à des décollations de Saint-Jean, des langues à la chair serrée. Le reste de la devanture est plongé dans l'obscurité. Ces transparents vous arrêtent tous les quinze pas.

On me fait voir à l'hôtel Brun une chambre habitée autrefois par Pieri, un des auteurs de l'attentat de la rue Le Peletier.

Ce soir, départ pour Florence. — Les places dans la diligence et dans le courrier étant retenues plusieurs jours à l'avance, j'ai dû (mon temps étant compté) m'assurer d'une chaise de poste. Il est dix heures.

Le fouet du postillon m'avertit de descendre.

Florence, 15 décembre.

Honneur à ce mortel que la soif de connaître
Exile noblement du toit qui l'a vu naître!

C'est Millevoye qui s'exclame sur ce ton cadencé; vous auriez parié pour Delille, n'est-il pas vrai? N'importe; ma *soif de connaître* n'a pas été suffisamment récompensée dans le trajet de Bologne à Florence, et jamais je ne suis demeuré plus convaincu que je n'étais qu'un piteux *mortel*. Pour faire vingt lieues environ, il ne m'a pas fallu moins de vingt-deux heures; il est vrai que ces lieues se déroulent à travers les Apennins, qui sont bien les monts les plus capricieux et les plus revêches qu'on puisse souhaiter. Mais narrons avec méthode.

J'ai dit que j'avais quitté Bologne le 13 au soir, à dix heures ; un repas confortable, arrosé d'un excellent *vino santo*, m'avait prédisposé au sommeil, et j'y cédai après les premiers ébranlements de la chaise de poste. — Je dormis une heure à peu près ; quand je me réveillai et que je mis la tête à l'une et à l'autre portière, j'étais enveloppé d'une clarté qui n'était pas celle de la lune, mais de la neige. En même temps, je me sentais, non pas emporté, mais doucement promené, mollement balancé ; je me penchai en avant, et je constatai avec une expression ébahie que ma chaise de poste était attelée de trois paires de bœufs. Oui, j'étais traîné par des bœufs, comme ces monarques indolents dont parle Boileau. Deux hommes les guidaient, marchant au pas et silencieusement. Quoique l'on m'eût prévenu du mauvais état des chemins, j'étais loin de m'attendre à une semblable lenteur de locomotion. Un frisson inconnu agita mes veines : je me demandai si je ne rêvais point, et si ce que je prenais pour des bœufs n'étaient pas des bêtes apocalyptiques me conduisant vers les nouvelles voies lactées. On sait que le spectacle continu de la neige a d'étranges actions sur le cerveau ; les subissais-je à ce moment ?

Au milieu de mon hallucination, la voiture s'arrêta ; nous étions à la première poste. Le postillon et son acolyte frappèrent à ma vitre ; je compris qu'il s'agissait de bonnes-mains à payer ; mais alors nouvel embarras. En Italie, la monnaie change comme le dialecte, tous les dix kilomètres ; en arrivant à Bologne, j'avais échangé mon or contre les baïoques pontificaux ; maintenant il me fallait troquer mes baïoques pour des *paoli* toscans. Enfin, tout s'arrangea. Mais après le postillon et le guide, ce fut le tour du garçon d'écurie, — et cela ne s'arrêta plus qu'à Florence. J'essayai maintes fois de me rendormir ; à chaque demi-heure, toujours le bruit d'un doigt à la portière, toujours un homme, ou deux, ou trois, en manteau marron et la main tendue.

Le fantastique devenait impossible dans de pareilles conditions. Je me condamnai donc à servir de trésorier à ces rustres pendant tout le temps qu'il plairait à la Providence. Mais que de malédictions en chemin ! que de rages tantôt sourdes et plus souvent déchaînées ! — Ah ! l'on

prétend que les voyages adoucissent l'homme
et le rendent tolérant, sensible, généreux. Il
n'est pas de plus grave erreur que celle-là. Les
voyages, au contraire, métamorphosent et ai-
grissent à la longue les natures les meilleures et
les plus pacifiques. Et comment pourrait-il en
être autrement avec cet agacement sans trêve,
résultant d'un changement quotidien de lit et
de table, de température et d'idiomes! J'étais
parti bon, prodigue; je reviendrai bourru, avare
et impertinent, — impertinent surtout, car le
bien-être en voyage ne s'acquiert qu'à force de
menaces et de bruit.

La nuit me sembla longue. Un instant je me
souvins de la réputation sinistre des Apennins,
et je cherchai à l'horizon quelque silhouette de
chapeaux pointus et de carabines ; mais il était
évident que les brigands étaient couchés. A ce
propos, je fis pour la première fois la remarque
que je n'avais de ma vie porté une seule arme,
contrairement à tant d'individus qui ne peuvent
faire un pas sans un poignard au côté ni dormir
sans un pistolet chargé sur leur guéridon. Mon
insouciance me parut répréhensible sous plusieurs rapports; mais, sous beaucoup d'autres,
je ne pus m'empêcher de plaindre les gens en

proie à cette préoccupation constante de la défensive.

Est-ce que le plaisir qu'ils viennent de goûter à une représentation de l'Opéra et des Italiens n'est pas effacé pour eux du moment qu'ils songent, en s'en revenant, à assujettir le cordon d'un casse-tête autour de leur poignet? De quelle poésie peuvent-ils s'abreuver sous les feuillages sombres, alors qu'ils brandissent leur canne plombée? Il y a des gourdins qu'on nomme plaisamment des *sorties de bal* et qui me gâteraient le bal lui-même. Sans compter que cette cohabitation continuelle avec des engins homicides doit pousser chaque soir à des réflexions du goût de celle-ci : « Allons! mon couteau catalan m'a encore été inutile aujourd'hui! » Et chaque matin : « Hein! comme j'éventrerais avec ceci l'homme qui viendrait m'attaquer! » Riantes perspectives! touchants regrets!

Au petit jour, nous n'avions fait que trois postes; la voiture traçait de plus en plus péniblement son sillon dans la neige; les bornes de la route étaient ensevelies, et il ne nous restait plus pour nous orienter que les poteaux du télégraphe électrique. Des espèces de cantonniers que nous rencontrâmes, la pelle à l'épaule et la figure ensanglantée par le froid et le vent, nous engagèrent à rétrograder, prétendant que nous allions trouver la tourmente à un demi-mille de là. Le postillon et le guide parurent hésiter ; moi je ne desserrai pas les lèvres, voulant leur laisser leur libre arbitre et dégager ma part de responsabilité. J'avais l'air de dire : « Cela ne me regarde pas ; je ne suis pas de ce pays-ci. » Et nous continuâmes notre chemin.

Les cantonniers avaient dit vrai : des tourbillons s'élevèrent peu à peu, s'épaissirent et s'élancèrent sur nous avec furie. Plusieurs fois je sentis la voiture soulevée. Autour de nous il n'y avait ni ciel, ni terre, mais une danse de flocons épais dont l'atmosphère était noircie, et qui avaient pour orchestre les sifflements du vent. Nous fûmes trop heureux, au moment où la tourmente atteignait à un degré insupportable d'intensité, de nous adosser, bêtes et gens, à une masure improvisée sans doute d'un coup de baguette par les dieux protecteurs. Vingt minutes s'écoulèrent dans cette situation. Lorsque nous pûmes nous mouvoir sans péril, nous reprîmes avec une sage lenteur la route de Florence. — Ce qu'est en été cette partie des Apennins, je ne puis en concevoir aucune idée ; les fabriques y sont rares et d'une architecture qui ne sort pas de l'ordinaire. Aucun bourg intéressant en dehors de sa position. De loin en loin, un débit de sel et de tabac (*sale e tabacchi*) avec la croix de Savoie au-dessus de l'enseigne.

Vers midi, je crus devoir faire une halte copieuse dans une auberge située sur la hauteur. Avec quelle puissance de pantomime j'ordonnai à l'hôtelier de jeter une forêt dans la cheminée, et de grouper sur la nappe toutes les victuailles de son garde-manger! Je suis convaincu que j'étais aussi précis, aussi technique en cette circonstance, qu'un dictionnaire italien; mon regard et mon geste parlaient le toscan le plus pur. Bientôt je me vis en présence d'un incendie qui, en me grimpant aux jambes, m'enveloppa rapidement d'une somme de jouissances; presque aussitôt, je fus forcé de me retourner pour faire face à une gigantesque soupière, où nageait un onctueux potage ou *minestra* au riz, aux choux, aux pommes de terre et au céleri, — avec du parmesan râpé dans une assiette, — accompagné d'une immense omelette (l'omelette est de tous les pays) et d'une carafe remplie jusqu'au goulot d'un vin noir. A cet aspect, j'oubliai mes désastres et, l'appétit aidant, je trou-

vai même que les Apennins avaient du bon. —
O lâcheté humaine!

Il fallut que le postillon vînt m'arracher à cette Capoue; sans lui j'y serais peut-être encore, le dos au feu. Aussi fut-ce d'un air passablement maussade que je me réintégrai dans ma chaise de poste, dont la paille glacée me faisait souvenir des cachots célèbres, et que je revis ces mornes étendues et ces sommets aveuglants de blancheur. Nature! que tes robes d'innocence sont froides!

La journée s'acheva comme elle avait commencé, si ce n'est qu'aux derniers relais nous en revînmes aux chevaux; alors la descente des Apennins s'effectua d'une manière assez satisfaisante. A sept heures environ, j'aperçus dans le lointain un bas-fond piqué d'une multitude de points lumineux. C'était Florence. Le cœur me battit, et mes yeux, ardemment fixés sur ce vallon qui tenait si peu de place dans l'immensité de la nuit, semblaient vouloir s'y précipiter. Nous n'y entrâmes cependant qu'à huit heures et un quart. — Je descendis *piazza Santa-Trinita*, à l'hôtel du Nord, à dix pas de l'Arno et à trente du Palais-Vieux. Comme je me récriais devant le propriétaire sur les vingt et quelques heures que m'avait coûté ce voyage, il me répondit : — « Ne vous plaignez pas trop, car la dernière diligence et le courrier arrivés ce matin ont mis trois jours et trois nuits à faire le même trajet ! »

Florence, 16 et 17 décembre.

Je savais bien que l'enthousiasme n'était pas mort en moi et qu'il n'attendait qu'une occasion pour éclater et se répandre ! Par quoi commencer ? Par quel marbre, par quel or, par quel bronze ! A quel grand nom et à quelle grande chose dois-je aller tout d'abord ? Il n'y a qu'à ouvrir les yeux et à admirer. D'autant plus qu'il ne s'agit pas ici de s'extasier sur des ruines, sur des restes de temple : tout est jeune dans Florence, tout est vivant, tout est brillant. Et certes, il faut que cette ville soit bien admirable en effet pour resplendir ainsi par la boue, par la pluie, par le verglas, par le ciel gris et sale. J'ai vu Florence sans fleurs et sans soleil, et j'ai été ébloui. Qu'eût-ce donc été dans la *primavera*, alors que l'air tiède s'emplit de parfums et de bruits de cloches ?

Pourtant, si vous vous en souvenez, je m'étais bien promis de ne voir que les Italiens ; et voilà que l'Italie me prend tout entier, impérieusement, despotiquement. Le chef-d'œuvre s'attache de nouveau à moi et ne veut plus me lâcher ; le chef-d'œuvre n'admet ni politique, ni questions sociales, ni révolution d'aucune sorte ; il est le chef-d'œuvre, — non pas celui qui se cache, orgueilleux et hypocrite, au fond d'un musée, mais celui qui s'étale à la clarté du jour, sur la place publique, au détour de la rue, qui s'appelle le Dôme, le Baptistère, le Corps-de-garde des Lansquenets, qui saisit le voyageur au passage, le fascine comme le basilic, le pétrifie comme le sphinx. Philosophes et tribuns, méfiez-vous du chef-d'œuvre, le plus grand ennemi de l'Italie moderne !

Ainsi donc, me voilà retombé sous le joug de la pierre et des métaux. L'art ne rend point facilement sa proie, pas plus que l'Achéron. Êtes-vous contentes, statues à l'immortelle pâleur ? me voilà ramené à vos pieds, plus amoureux que jamais. Toiles rayonnantes, maîtres sublimes qui sembliez avoir épuisé mon admiration, vous avez reconquis votre esclave !

Ma première visite a été pour le Palazzo-Vecchio, le point central de Florence. Une foule d'hommes couvrait la place, du côté de la poste, dont les guichets s'ouvrent en plein air, — singularité que les employés doivent déplorer en cette saison. Était-ce une bourse ou un marché qui se tenait là ? je l'ignore. Un individu, hissé sur une calèche, vantait et débitait je ne sais quel spécifique, avec cette abondance de gestes et de paroles commune aux charlatans de toutes les contrées. On comprend que je ne m'arrêtai guère à l'écouter. Mes yeux étaient cloués sur le palais des Médicis.

Est-ce un palais? est-ce un château fort ? est-ce un beffroi ? Voilà ce qu'on se demande au pied de ce Palazzo-Vecchio, masse crénelée, qui est égayée cependant par une ceinture de blasons peints, aux couleurs éclatantes. — La place sur laquelle il est situé pourrait s'appeler la place aux Statues : Michel-Ange, Bandinelli, Jean Bologne, Benvenuto Cellini, s'y coudoient fraternellement sous un ciel qui (je parle par ouï-dire) n'a pas de rival. Je ne puis particulièrement détourner mes regards du Persée de bronze, qui se détache avec tant d'élégance sur les marbres environnants ; c'est bien là une statue d'orfévre, fine et dure, mais animée de tous les caprices et de toutes les passions de son extraordinaire auteur.

Je reviendrai sur cette place, j'y reviendrai tous les jours, — et c'est à force de répéter cette parole que je parviens à m'en arracher. Le parapluie en tête (ô douleur! ô profanation!), je me rends à la cathédrale par une rue droite et assez longue, percée de magasins à la moderne, et qui a cela de particulier qu'elle ne laisse rien soupçonner des magnificences auxquelles elle aboutit. — Des magnificences? est-ce le mot exact pour rendre l'impression produite par l'aspect soudain du Dôme de Florence? Ne conviendrait-il pas mieux de qualifier d'éblouissantes coquetteries ces efforts suprêmes de la mosaïque appliquée à la grande architecture? En vérité, cette église bleue, rouge, violette, jaune, verte, ressemble à une fleur gigantesque; et je conçois l'effet auquel elle doit atteindre sous les rayons du soleil, qui est décidément l'astre indispensable de l'Italie.

L'intérieur du Dôme ne répond pas à l'extérieur : c'est nu, c'est froid, relativement surtout à un pays où l'on a l'habitude d'étouffer les moindres chapelles sous une abondance proverbiale de peintures, de reliefs et d'or. Quels peuvent avoir été les motifs de ce contraste? Manque de ressources ou manque d'artistes? Cette dernière supposition n'est guère admissible : les artistes n'ont jamais manqué à ce sol privilégié ; ils y poussent en plein champ. Je consulterai les livres...

Après une dernière et lente promenade autour du Dôme et de son campanile, je tombe en arrêt devant le Baptistère, leur voisin. Le Baptistère était autrefois protégé de fossés ; les fossés ont disparu, mais l'eau est restée sous les apparences de la neige et de la boue, et le Baptistère est aussi protégé qu'auparavant. Cependant, comme je ne peux pas me contenter de l'admirer à distance, je me décide à me frayer un chemin à travers ce lac d'immondices ; j'y réussis à peu près ; — mais, pour entrer, c'est une autre affaire. Une heure se passe à cette tentative, une heure délicieuse, il est vrai, car c'est volontairement que je reste l'œil collé sur les portes incomparables de cet édifice. Mes pieds se mouillent, mais cela m'est égal ; je m'enrhume en m'extasiant. « Tu n'iras pas plus loin ! » semblent me dire les adorables sculptures de Ghiberti. Et en effet, devant ce Baptistère si bien défendu par ses portes, j'hésite, je me demande s'il ne vaut pas mieux m'en retourner plutôt que de tomber du haut de mes sensations.

Puis-je voir quelque chose de plus miraculeux ? Évidemment non. Alors imitons ces sages touristes qui restent en vue de Constantinople et s'en retournent sans être descendus à terre.

Ainsi dis-je, en un soliloque plein de poésie, et puis, comme j'ai l'habitude de m'écouter moi-même encore moins que je n'écoute les autres, j'entre dans le Baptistère. Pour cela, je soulève une de ces horribles draperies que l'on retrouve dans toutes les églises italiennes, où elles masquent intérieurement les portes; haillons fangeux, humides, faits de mille pièces; qu'une main même gantée ne saurait toucher sans être salie, et dont il faut pourtant subir le contact, à moins de ne jamais pénétrer dans ces musées divins. Puissent ces lignes véritablement indignées aider à la suppression de ces abjects rideaux, durables comme des préjugés, sordides comme l'avarice !

Au fond, je ne suis pas fâché d'avoir vu l'intérieur du Baptistère, qui, celui-ci, est surchargé de fresques, de moulures, d'estrades...

Ces trois visites, — au Palais-Vieux, à la cathédrale et au Baptistère, — ont fait de moi une espèce d'homme ivre; je marche en chancelant dans les rues; j'ai des étourdissements et des éblouissements ; je me heurte aux passants, d'un air effaré ; il me reste à peine la conscience de mon être, et je ne ferais aucune objection à la personne qui essayerait de me persuader que je suis devenu tableau ou statue. Néanmoins, deux heures venant à sonner, le sentiment d'un jeûne infiniment trop prolongé me rend peu à peu à moi-même ; j'entre dans le premier café aperçu, et, afin de ne pas compromettre l'avenir de mon dîner, je me contente d'une tasse de chocolat et d'un verre de rosolio rouge (le rosolio, une spécialité florentine, comme l'alkermès). Cette formalité remplie, plus rassis, je me retrouve au grand air, fidèle à mon parapluie comme M. Sainte-Beuve. Où irai-je ? La galerie des Offices ferme à trois heures ; d'ailleurs, je suis à bout d'enthousiasme pour aujourd'hui : j'ai dépensé ce que j'avais, jusqu'à ma réserve.

Allons au hasard ; c'est la meilleure manière de voir et de s'instruire ; errons à travers l'inconnu ; que tout devienne pour moi conquête et révélation. Sterne et Henri Heine n'ont jamais voyagé autrement ; ils s'arrêtaient sur les ponts, sous les auvents des boutiques ; ils restaient bouche béante devant une enseigne, une cage, une fenêtre, une robe enflée par le vent. Ils oubliaient l'histoire, qui ne les oubliera pas, eux. Ils étaient personnels, rien que personnels, tantôt avec un abandon réel et une grâce ignorante d'elle-même, d'autres fois avec un ardent vouloir d'esprit ; et par là ils ont bien effrayé les innocents flâneurs à leur suite, les naïfs chasseurs d'imprévu. Pour ma part, leur souvenir m'arrête court toutes les fois qu'oubliant le lecteur, — invisible et solennelle pluralité ! — je me sens prêt à laisser *flotter les rênes* sur les pacifiques coursiers de ma rêverie. Personnel ! et de quel droit ? par quel titre ? Essayez donc de causer avec un sansonnet ou de vous attendrir sur un marchand de tartelettes, avant d'avoir écrit le *Voyage sentimental !* Osez parler de la couleur de vos pantoufles et de vos souffrances d'amour sans avoir signé l'*Intermezzo* et les *Aveux d'un poëte !*

Ah ! j'ai fréquemment et bien méchamment regretté, je m'en accuse, que ces deux charmants esprits (à qui il a manqué si peu de chose pour être de tendres âmes) fussent venus au monde avant moi. Combien ils me gênent dans le peu que j'ai à dire ! Combien ils me semblent se railler à l'avance de ce que je vais tracer dans ma bonne foi et mon désir de bien penser ! Ils hochent la tête tous les deux, en ayant l'air de s'écrier : « Ce n'est pas neuf ! nous avons écrit la même chose il y a dix ans, il y a vingt ans, il y a cent ans ! »

Eh bien ! tant pis, à la fin ! Sterne et Henri Heine ne m'empêcheront pas de me promener et d'écrire à la française, — tout Anglais et tout Allemand qu'ils soient ? Qu'est-ce que je fais, après tout ? je suis sur mon domaine, tandis que ces deux étrangers ne doivent peut-être qu'à leur transplantation en France l'agréable et vif parfum de leur génie. Qui ne sait que les orgueilleuses vignes du Johannisberg proviennent des ceps de notre Bourgogne ?

Et puis, tout bien considéré, je ne peux pas être autre chose que personnel. De quelle façon m'y prendrais-je pour être autrement ? Un pays, une ville veulent être habités au moins quelques mois durant, avant de livrer le secret de leurs habitudes, de leurs mœurs, de leur physionomie sociale. Volney réside trois ans en Égypte et en Syrie, avant d'écrire *les Ruines*. Moi, je passe, je regarde et je m'en vais. — Il est impossible assurément que ce procédé soit le meilleur; mais est-ce à dire pour cela que je doive me taire absolument ? Tant de braves gens voyagent de la sorte, avec la même rapidité et le même manque de loisir ! Pourquoi ne trouveraient-ils pas dans le livre d'un littérateur aussi pressé qu'eux l'écho de leurs impressions fugitives [1] ?

En errant ainsi, — je rencontre une foule inaccoutumée dans les rues, aux balcons, sur le perron des églises. Je m'informe, et l'on me répond que c'est aujourd'hui l'enterrement du prince Corsini! Le cortége va passer. Pauvre prince Corsini! Nos soldats ont pu le voir l'année dernière, au camp, gros, gras, fleuri; il appartenait à une des plus importantes familles toscanes, et il avait été ambassadeur à Londres. — Je prends rang comme tout le monde, et j'attends le convoi. Je remarque la même absence de recueillement chez le peuple florentin que dans nos multitudes parisiennes, pour lesquelles, cérémonie funèbre ou revue, tout est motif de distraction. Enfin, les sons d'une marche religieuse se font entendre; on se range devant les chevaux des carabiniers au manteau doublé de rouge, et j'assiste à un interminable défilé de gardes nationaux.

C'est vers l'église de Santa-Croce que s'ache-

---

[1]. Eh mais! est-ce que cette page ne peut pas être considérée comme la préface de mon livre?...

mine le convoi du prince Corsini. Nouveau désappointement : la vue de Santa-Croce m'est complétement et doublement interceptée, d'abord par des échafaudages qui masquent la façade, ensuite par des tentures qui voilent les échafaudages ; mais je sais que l'intérêt de ce monument n'est pas à l'extérieur. Ayant devancé le cortége, je monte au milieu de la foule les marches de Santa-Croce : on vient de tirer les rideaux et d'allumer une innombrable quantité de cierges. Je distingue, à travers cette lueur d'or, les tombeaux de Galilée, de Michel-Ange et de Machiavel, — ainsi que les monuments élevés à la mémoire de Dante, d'Arétin, de Raphaël Morghen, d'Alfieri, de Lanzi et de quelques autres illustrations plus modernes dont je ne retrouve pas les noms. On me heurte, on me bouscule ; le convoi du prince Corsini fait invasion dans l'église.

18 décembre.

Je me suis présenté ce matin chez M. Le Monnier, éditeur. Ses magasins sont situés au fond d'une cour. Il a une imprimerie qui ne fonctionne que pour lui. M. Félix Le Monnier est

européennement connu. Son nom est attaché
depuis plus de vingt-cinq ans à toutes les publi-
cations qui ont ému et secoué l'Italie : Leopardi,
Giordeni, Giusti, Gualterio, les poëtes et les
philosophes, les savants et les historiens, les
hommes de sentiment et les hommes d'action,
même les hommes d'esprit, il a tout édité et il
édite tout encore. Et c'est un Français. Je suis
glorieux de le constater ; — c'est dire qu'il édite
aussi des livres français.

M. Le Monnier a une activité ou plutôt une
assiduité peu ordinaire. A la fin de cette première visite, comme je m'informais des heures
où on le trouvait dans son cabinet : « Toujours ! »
me répondit-il. M. Le Monnier, en effet, arrive chaque matin à huit heures à sa librairie,
pour n'en sortir qu'à onze heures ; à peine
s'il s'absente une heure pour son dîner. Voilà
comment on fait fortune. — Hélas !

Même jour.

Entrons au palais Pitti. Je commence par
les jardins, malgré l'état atroce des allées ;
la ville m'apparaît sous divers points de vue,
plus ravissants les uns que les autres, en

dépit de tout. — Imperturbable triomphe du gracieux !

Le palais me frappe moins ; je m'habitue trop aux palais. De même que les gardiens ont un certain air d'indifférence à dire vingt fois par jour : « Ceci a coûté tant de millions, » de même, à mon tour, j'ai contracté un façon particulière de répondre dans un bâillement : « Ah ! ah ! » En outre, on marche difficilement sur les pavés de mosaïque.

Il y a neuf mois, le palais Pitti était encore la résidence du grand-duc Léopold II. On sait de quelle manière grave et pacifique s'effectua le départ de ce souverain, qui se refusa jusqu'à la dernière heure à toutes les concessions que lui demandait la nation toscane. — Une file de voitures traversa lentement Florence le 27 avril, à midi, au milieu d'une multitude immense, mais muette, calme, immobile ; ces voitures prenaient la route des États-Romains. Jusqu'aux frontières, elles rencontrèrent dans les populations accourues sur leur passage le même mutisme et la même dignité.

A présent, les appartements déserts du grand-duc Léopold sont ouverts aux visiteurs avec leurs richesses intimes; deux ou trois domestiques ferment chaque soir les volets des hautes fenêtres. Le silence des révolutions accomplies règne dans cette demeure.

19 décembre.

Un de mes bons camarades, le sculpteur Aimé Millet, m'a donné, lors de mon départ de Paris, une lettre pour le signor Cavalucci, un des conservateurs de la galerie des Offices (*Uffizi*). Je vais la porter à midi; — et je trouve en M. Cavalucci, comme j'en avais été prévenu, un jeune homme plein de science et d'aménité, qui me fait les honneurs de son paradis.
Mes pas résonnent donc pour la première fois dans cette *Tribune*, le saint des saints de l'art, et où il est convenu de ne pénétrer qu'avec un religieux frémissement. Le frémissement, — je l'éprouve et je ne cherche pas à me le dissimuler, mais je le sens se dissiper en partie à l'aspect de cinq ou six chevalets, — et d'autant de copistes amateurs, plantés indistinctement, qui devant la *Fornarina* de Raphaël, qui devant la *Madone* d'Andrea del Sarto, qui devant la *Sainte Famille* de Corrège. Ces chevalets et ces

amateurs, vous les retrouverez partout, dans tous les musées du monde, vous masquant tous les chefs-d'œuvre, parfois même vous regardant d'un air courroucé et semblant se plaindre de ce que vous les troublez dans leur travail. Encore si leur travail n'était pas le plus souvent un sacrilége et une caricature !

Ai-je une opinion bien arrêtée et bien nette sur la *Vénus de Médicis* et sur quelques autres joyaux de la *Tribune ?* Je ne crois pas. — Ajournons donc mes impressions individuelles, toutes confondues d'ailleurs dans un vaste sentiment d'admiration...

L'école française est bien maigrement représentée dans la galerie des Offices. — Je ne dis pas cela pour M. Ingres, qui a envoyé généreusement son portrait l'année dernière.

M. Cavalucci, qui veut me guider dans toutes les salles, m'épargne, par ses érudites explications, huit jours de pèlerinage à ce temple, lequel d'ailleurs ne vaut quelque chose que par ses dieux, car il me paraît chétivement orné et sans ampleur. Trois heures se passent pour moi dans un éblouissement continu, qui ne laisse pas que de comporter une grande fatigue morale et physique. Je m'imagine un moment que ma tête a acquis des proportions considérables; et, même dans la rue, je vois encore tourbillonner devant moi et au-dessus de moi des Judith, des Holopherne, des Vierges au chardonneret, au lézard, à la chaise, au poisson, des saint Jean, des saint Pierre, des Vénus, des Mars, des anges, des prophètes, des apôtres, sans compter une nuée de petits amours « cravatés d'ailes, » qui semblent m'escorter jusqu'à mon hôtel du Nord.

20 décembre.

Le théâtre de la Pergola est fermé. A cette époque de l'année, c'est inconcevable ! Je n'aurai donc ni chant ni danse à Florence. — Restent les théâtres del Cocomero et Nuovo, et j'y songe bien; mais la seule lecture de l'affiche qui annonce une tragédie sur les Gracques éteint en moi toute curiosité dramatique. Je me rabattrai sur les cafés. — Qui dit les cafés ici, dit le café Doney. On tâche beaucoup de m'en faire admirer la décoration, qui est absurde comme celle de tous les cafés européens. Il y a des divans pour les fumeurs, et un salon pour les femmes, tout or, glaces et damas rouge. La demi-tasse coûte trois sous environ ; les granits pas davantage. Quant aux allures des habitués, elles sont absolument les mêmes qu'en France : un mot, en entrant, à la dame du comptoir ; des poignées de main distribuées de table en table ; le garçon qu'on appelle par son petit nom ; la bouquetière qui s'avance : — une fleur offerte, une gaillardise rendue ; — un regard promené négligemment sur l'*Indépendance*, suivi de quelques bâillements de bon goût. Ce n'est pas plus italien que cela. — Les étrangers, eux, demandent le *Moniteur de Toscane*, journal officiel, ou la *Nazione*, journal officieux, ou bien encore le *Risorgimento*.

J'ai entendu dire : « La Toscane est la Gascogne de l'Italie. » Il ne m'est guère aisé, en un si court séjour, de constater la vérité ou du moins la vraisemblance de cette assertion, qui a bien l'air d'une épigramme. Prétend-on avec ce mot railler les Toscans sur leur excès de courtoisie, sur les caresses de leur langage ; ou, saisissant le côté le moins flatteur de la comparaison, a-t-on voulu insinuer qu'ils sont plus prodigues de paroles que de faits? La nuance m'échappe et doit m'échapper en effet. Du petit nombre d'observations qu'il m'a été donné de recueillir, j'ai pu conclure que les Florentins aiment à *paraître*, c'est-à-dire à faire montre de leur esprit, de leur distinction et même de leur richesse; mais à la surface élégante de toute grande ville, ne trouve-t-on pas ce léger défaut, plus ou moins caractérisé, selon les latitudes?

XVIII

DE NICE A GÊNES

I

Nice. — Villefranche. — Eze.

Ce n'est pas de la Nice de tout le monde, de la Nice banale, que je compte vous entretenir; — je laisserai de côté la promenade des Anglais, le quai Masséna, le Jardin public, le Paillon, et je me dirigerai vers le port, qui représente plus particulièrement l'ancienne Nice.

Le port de Nice a cela de particulier, qu'on ne l'aperçoit pas tout d'abord ; il faut, en effet, aller le chercher pour le trouver. Il se cache derrière un énorme rocher-promenade qu'on appelle « le Château. » C'est, à ce qu'affirment les gens spéciaux, un des ports les plus sûrs de la Méditerranée, quoique l'entrée en soit assez difficile. Excepté les grands bateaux à vapeur qui font le service de Gênes et de Marseille, je n'y ai pas vu de navires bien considérables ni bien nombreux.

Après la visite au port, l'ascension au Château est indispensable. Une ceinture de beaux arbres s'élève et serpente où se dressaient jadis les remparts rébarbatifs d'une forteresse, qui passait son temps à se défendre contre les Sarrasins et contre les Lombards, comme toute forteresse d'alors. A celle-ci est liée intimement la légende de la Séguranne. La Séguranne est la Jeanne Hachette de Nice. Par malheur, tous les historiens, Durante en tête, sont d'accord pour convenir qu'elle était d'une laideur repoussante. On l'avait surnommée *la Maù Facia*, c'est-à-dire *la Mal Faite*. Cela ne l'empêcha pas de payer sa dette à son pays dans des conditions où la singularité le dispute à l'intrépidité. Un jour du mois d'août 1543, elle mangeait tranquillement la soupe avec son mari (*la zuppa col di lei marito*, dit Scallier), lorsque les Turcs s'avisèrent de donner l'assaut à un des bastions du Château. Catherine Séguran n'hésite pas, elle accourt, elle s'élance, elle se montre aux créneaux, et...

« cela suffit pour mettre l'ennemi en fuite »., écrit le même Scallier. Hâtons-nous d'ajouter, pour atténuer le côté comique de cette légende, que la pauvre femme ne se contenta pas d'une simple apparition, et qu'elle prit de ses propres mains un étendard aux assiégeants. Nice lui a prouvé sa reconnaissance en donnant à une rue le nom de rue Séguranne, — mais on n'a pas osé aller jusqu'à la statue.

A une hauteur de 96 mètres la plate-forme du Château découvre un horizon magnifique. A ses pieds rampe la vieille Nice grise, tortueuse, lépreuse et vouée à une prochaine démolition.

Restons quelques instants dans l'ancienne ville, puisque nous y sommes. En voyage comme en critique, je vais volontiers à ce qu'on néglige ou à ce qui se dérobe, à ce que les relations oublient ou mentionnent légèrement. Mon instinct me porte tout d'abord au faubourg dédaigné, au marché lointain, à l'humble chapelle. J'ai des lunettes spéciales pour ces flâneries à la recherche du pittoresque. Tel édifice sculpté que je déniche tout seul, — sans *guide* vivant ou imprimé, — dans un carrefour perdu, me cause des sensations de joie comparables à celles que j'éprouve en rencontrant un livre rarissime à l'étalage poudreux d'un bouquiniste. On comprend qu'il soit quelquefois nécessaire de s'armer d'un certain courage et de surmonter des répugnances fort naturelles ; ces explorations-là ne peuvent se faire en compagnie d'une sœur. Le pittoresque est trop souvent apparenté au laid et même au fétide ; dans ce cas, il faut savoir joindre à l'âpre curiosité de l'artiste la résignation d'un inspecteur de la salubrité publique.

La vieille Nice est comprise entre la préfecture et la place Napoléon. C'est la ville italienne, connue seulement des habitants et absolument dédaignée des étrangers. Là, les rues se croisent, s'entrelacent, se brouillent, se rejoignent, resserrées à de certains endroits au point de ne pas laisser passer deux personnes de front. Que dis-je ? Il y en a qui sont de simples fentes bordées de maisons plus hautes que les plus hautes maisons de Paris. L'intention bien évidente des constructeurs est d'avoir voulu se garantir des vents de la mer ; en cela, ils ont complétement réussi ; ils possèdent ces deux avantages inestimables : fraîcheur en été, chaleur en hiver. Mais à quel prix, hélas ! Si leur intention saute aux yeux, elle saute également au nez ; les professions les plus odorantes se sont donné rendez-vous dans ces boutiques condamnées aux ténèbres à perpétuité ; on y respire à la fois la morue sèche, les chaussures, la cassonade, l'huile, l'ail, la pâtisserie indigène. Aux fenêtres mille guenilles pendent avec ostentation, comme autant de drapeaux déchiquetés par des balles.

Ne nous mettons pas en de trop grands frais d'étonnement; nous rencontrerons la même ville tout le long du littoral méditerranéen, et jusqu'à Gênes, et même plus poussée à l'étrange, à l'effrayant. En attendant, sachons reconnaître que les laideurs de la ville de Nice sont rachetées presque à chaque pas par des détails d'architecture plus ou moins intéressants. Quelques-unes de ces maisons sont des palais, tels que celui des Lascaris, dont les escaliers de marbre sont ornés de statues, et dont les plafonds gardent les traces de riches peintures. Près de là, au coin de la rue Droite et de la rue du Collet, voici le pur style arabe. Et puis partout, rue aux Herbes, rue de la Boucherie, rue Pairolière (de *païrouliès* ou chaudronniers), ce ne sont que grilles tordues ou rebroussées, comme on ne sait plus en faire. Au-dessus d'un assez grand nombre de portes je distingue, assujettie à la muraille par deux petits cercles de fer, une carafe pleine d'un breuvage blond, qui n'est autre que du vin d'Asti. C'est l'enseigne des cabarets de Nice.

Même quand ces ruelles ne sont que des égouts, même quand ces maisons ne sont que des bouges, elles ont encore leur histoire, leurs souvenirs. Il y a près d'un siècle que le président Dupaty écrivait : « On m'a mené dans la rue la plus obscure, on m'a fait entrer dans la maison la plus pauvre, on m'a fait monter cinq étages ; enfin, j'ai trouvé un petit homme assez mal vêtu : c'était le premier président du Sénat de Nice. »

J'ignore si les notabilités actuelles ont toujours leur domicile dans ce vieux berceau de Nice ; j'en doute cependant. La population nombreuse qui s'y agite me semble appartenir exclusivement à la classe artisane. D'ailleurs, aucune particularité bien sensible de costume. Les hommes du port sont coiffés de ce traditionnel bonnet de laine rouge, carré, haut, et dont une moitié retombe sur le côté.

Les femmes n'ont de particulier que de grosses boucles d'oreille dorées ; elles vieillissent vite, comme dans tous les pays de soleil. D'ailleurs, artisans et artisanes paraissent doués d'une dose suffisante de gaieté. Une de leurs passions dominantes, après la sérénade improvisée, c'est la voiture. « Ils se cotisent sept ou huit, raconte M. Émile Négrin, prennent une citadine, entonnent la *Bella Zigouzin*, et laissez-les partir ! *Faï tirar*, comme ils disent. Ils courent la ville dans des positions extravagantes, chantant à se briser les poumons, sans s'inquiéter le moins du monde du disparate qui règne quelquefois entre la pauvreté des habits et le luxe du véhicule. Tout chômage est employé à aller manger un lapin à quelque guinguette extra-muros ; — en voiture, bien entendu. Ils aimeraient mieux y aller ainsi et n'avoir plus de quoi payer une bouteille à l'arrivée, que d'y aller à pied avec la perspective de vingt bouteilles. La chanson, la voiture et le lapin, voilà le binôme invariable des ouvriers niçois. »

Allons, Nice est décidément bien française ; le trait du lapin est concluant.

II

Monaco. — Monte-Carlo. — Menton. — Vintimille.

La première station du chemin de fer après Nice est Villefranche, une ville miniature aux maisons en amphithéâtre, cuites et dorées par le soleil, au bord du plus joli et du plus azuré des golfes. Villefranche abrite souvent dans sa rade des escadres et voit circuler des uniformes d'officiers dans ses rues, lesquelles rues ne sont, à vrai dire, que des escaliers quand elles ne sont pas des souterrains, — témoin la rue Obscure, la bien nommée, qui rampe littéralement sous une vingtaine de maisons.

Plus loin, cramponné au roc, c'est Eze (*Isia* ou *OEsus*, les savants donnent le choix entre les deux étymologies). On ne voit pas Eze du chemin de fer, cela est fâcheux; on ne le voit que du chemin de la Corniche qui le surplombe, et il semble qu'il soit impossible d'y pénétrer. Don César de Bazan s'écrierait :

> Dans ce charmant logis on entre par en haut,
> Juste comme le vin entre dans les bouteilles.

De ce point culminant le regard embrasse un océan d'oliviers, non plus les petits oliviers de la Provence, chétifs et chagrins, mais des oliviers géants, altiers, éperdument chevelus. On en montre un, à Beaulieu, qui mesure neuf à dix mètres de circonférence à sa base ; ce colosse passe pour être âgé de plus de cinq cents ans.

Encore quelques forêts d'oliviers, et nous entrons dans la principauté de Monaco. Saluons, car, à partir de ce moment, nous allons quitter le monde réel pour le monde enchanté. Et d'abord, disons adieu à la France et même à l'Europe ; rien de ce que nous avons vu ne ressemble à ce que nous allons voir. Nous sommes en Afrique, à en juger par la végétation hyperbolique qui nous environne, par ces aloès menaçants, armés comme pour un combat contre des tigres, par ces euphorbes immenses, par ces caroubiers contournés et crispés, par ces monstrueuses figues de Barbarie, tapisserie naturelle des abîmes, par ces palmiers arrogants, et surtout, surtout, par cette coloration chaude et parfumée du ciel et de la mer. Si le nom de Monaco amène involontairement un sourire sur les lèvres, la vue de Monaco emplit les yeux d'un éblouissement inoubliable.

Ville antique, dont la fondation est attribuée à Hercule, ville à la fois imposante et mignonne, ville fortifiée et fleurie, Monaco est située sur le le plateau d'un rocher qui s'avance très au loin dans la Méditerranée. On y arrive par une série de chemins qui la contournent, comme Angoulême, ou par un escalier plus roide, d'un beau caractère, qui conduit directement à la place du Château. Cette vaste place est fermée par des remparts qu'on s'étonne de voir garnis de canons, braqués, d'un côté, sur les citrons de la Condamine, et de l'autre sur les pigeons de la mer; derrière ces canons, d'espace en espace, sont empilés de noirs boulets. C'est cet « appareil de guerre » permanent qui a sans doute encouragé les plaisanteries sur la principauté de Monaco, plaisanteries faciles, accrues encore par la popularité d'un air de danse et par le discrédit d'une monnaie.

De la place du Château, on aperçoit la station de Monte-Carlo, où le prince a autorisé un casino qui attire continuellement de riches étrangers. Monte-Carlo est le Versailles du littoral méditerranéen. Comme dans l'autre Versailles, des millions ont été jetés sur cette roche autrefois farouche et nue; des prodiges ont été réalisés, des miracles ont été accomplis et s'accomplissent encore. Au premier aspect, ce ne sont que terrasses superposées, rampes majestueuses descendant jusqu'à la mer, larges escaliers bordés d'arbres verts et de fleurs insolentes d'épanouissement ; fontaines, vases, grottes, parterres, tout le train d'une résidence royale. — La statuaire en est un peu absente, c'est une lacune à combler. — Au-dessus de ces doubles et triples terrasses d'un si grand aspect, s'élève et s'étend un édifice qui participe à la fois du temple athénien, de la villa italienne et du palais français, et qui est tout cela à la fois. C'est le Casino de Monte-Carlo. L'œil charmé s'arrête sur des colonnades, des péristyles, des pilastres ; sur des pavillons agrémentés de fresques légères ; sur des perrons brodés d'héliotropes et de roses au cœur mourant. Maintenant, au milieu de cette féerie, représentez-vous un va-et-vient perpétuel d'hommes et de femmes élégamment parés, un froufrou d'étoffes, un fouillis d'ombrelles, des saluts échangés au tournant des bosquets, des entretiens accoudés sur des balustrades de marbre, et vous aurez un tableau pour lequel ce ne serait pas trop de la collaboration d'Isabey, de Baron et de Voillemot. Ajoutez-y des bouffées de musique, des accords de valses qui s'échappent l'après-midi d'une cage en fer doré, pleine d'instrumentistes choisis parmi les plus renommés de l'Europe. N'oubliez pas surtout ce printemps éternel emprunté à l'île de Calypso. Il y a beaucoup de l'île de Calypso dans le Casino de Monte-Carlo...

Monaco! Monte-Carlo! Pays séduisants et tentateurs! Là, on ne rencontre ni laboureur harassé de fatigue, ni paysan courbé sous un lourd fardeau. Le seul commerce qui s'y pratique est celui de l'essence de violettes et de l'essence de roses, le plus poétique des commerces, on en conviendra. Quant aux objets de « première nécessité, » ils y sont tellement inconnus que Théodore de Banville a pu raconter, sans qu'aucune voix s'élevât pour l'accuser d'exagération, l'histoire d'un brin de paille acheté à un prix fou par l'administration du Casino. C'était à l'occasion d'une représentation du *Dépit amoureux*: Marinette, lors de la répétition, s'aperçut tout à coup qu'il lui manquait la paille qu'elle doit rompre avec Gros-René. Comment faire? On fouilla vainement tout Monaco : de la paille, allons donc! Et pourquoi pas aussi de l'avoine, du seigle, de l'orge? En présence de l'embarras des comédiens, qui refusaient de déranger quelque chose à l'œuvre sacrée de Molière, l'administration du Casino n'hésita pas : elle fit atteler une chaise de poste qui emporta vers Nice un courrier chargé d'aller conquérir ce brin de paille fabuleux. Je ne sais rien de plus beau dans l'histoire de l'art dramatique.

Mais il faut que je continue mon voyage; je jette un dernier adieu, en les groupant dans un long coup d'œil, aux gracieuses habitations de Léon Dormeuil, d'Arbán, de Briguiboul, de Villemessant, blotties dans les oliviers argentés ou adossées aux rocs séculaires. « Semez des gascons, ils poussent partout, » disait Henri IV ; il paraît que le mot peut s'appliquer également aux artistes et aux gens de lettres. Heureux confrères ! colonie spirituelle et bien avisée ! Vous qui avez su transporter toutes les gaietés parisiennes dans ce coin de terre, combien j'envie votre destin !

De Monte-Carlo à Menton, il y a à peine vingt minutes de chemin de fer. Menton, vous le savez, appartient presque exclusivement aux Anglais, qui s'en sont emparés, non pas aussi brusquement que de Gibraltar, mais progressivement et doucement, comme de Pau. Les Anglais ont fait de Menton une ville à leur image, tout en longueur; vous la croyez finie, elle recommence un quart de lieue plus loin, et toujours ainsi. Ils y ont importé leur architecture de romance et s'y sont construit des maisons en forme de donjons, de nougats et de pièces montées. Un ange d'albâtre lève rêveusement les yeux sous un vestibule d'hôtel garni. Ils se sont arrangé une promenade des Anglais, à l'instar de Nice; ils se sont même procuré un torrent desséché, à l'instar du Paillon. Le long de cette promenade et au bord de ce torrent, ils se promènent avec la gravité qu'on leur connaît, sans regarder personne, dans des costumes d'une coupe chimérique et d'une coloration arbitraire. Quelquefois ils montent à âne, et leurs grandes jambes rasent presque le sol. Les petites filles étalent leurs blondes chevelures dénouées, et les demoiselles majeures montrent un nez aux ailes pincées sous des lunettes vertes. Heureuses gens ! heureuse nation ! J'admire sa force et sa sérénité, et son dédain puissant de la raillerie ! Laissons donc les Anglais à Menton ; cela a l'air de leur faire tant de plaisir !

Nous sommes en Angleterre, nous serons tout à l'heure en Italie. La transition est marquée

par un redoublement de beauté dans le paysage.
Cette partie de la Corniche est peut-être la plus
accidentée ; elle abonde en tournants hardis, en
torrents surmontés d'arches géantes.

Enfin la forteresse de Vintimille se dresse à
l'horizon.

Singulières villes que ces villes perchées sur
les hauteurs par crainte des pirates ! Rues étroites, sinueuses et disposées pour la barricade ;
maisons dressées comme autant d'observatoires.
C'est qu'à l'époque où elles furent bâties, rien
n'était plus commun que les descentes des Barbaresques, ces flâneurs maritimes ; pour un oui
ou pour un non ils pillaient les habitants et
les emmenaient en esclavage. Peu à peu, la
civilisation aidant, ces villes justement craintives sont descendues le long des montagnes ;
puis, s'enhardissant, elles se sont avancées jusqu'au rivage ; si bien qu'aujourd'hui elles trempent leurs pieds dans les flots, tout en gardant
leur front dans les cieux.

III

Bordighera. — Sanremo. — Oneglia. — Finale-Marina.

Avant d'avoir vu Bordighera, je ne professais qu'un goût raisonnable pour le palmier; j'estimais qu'il tenait assez bien son emploi dans le chœur des arbres classiques. Je lui accordais d'être d'un excellent effet sur les remparts d'une ville, comme Cadix ou Monaco. Mais c'était tout. L'arbre par lui-même, avec son écorce rugueuse et son maigre dôme de branches, me laissait froid. Même j'avais donné asile dans ma mémoire à ces vers irrévérencieux d'Ausone de Chancel, dirigés contre certains palmiers souffreteux d'Algérie :

> Monsieur, dis-je au voisin dont je touchais la manche,
> Pourquoi ce grand balai planté là par le manche?
> — Monsieur, c'est un palmier. — Vous dites? — Un palmier.
> — Devant un cabaret! sur un tas de fumier!
> Je croyais m'abuser; la foi toujours espère :
> Mais j'en vis un second; les deux faisaient la paire.
> Pardon à deux genoux, ô mes jeunes amours,
> A qui j'ai si souvent joué ces mauvais tours

D'appeler des palmiers vos tailles élancées,
Si souples que le vent les aurait balancées.
Pardon à deux genoux, car je vous appelais,
Sans m'en douter, hélas! des manches à balais.

Encore une fois je n'avais pas vu Bordighera. Aujourd'hui tout est bien changé. Le palmier s'est révélé à moi ; il m'a parlé et je l'ai compris. Sa poésie m'est apparue soudainement. Cela tient à ce que je viens de traverser une forêt entière de palmiers, — car Bordighera n'est pas autre chose ; ce promontoire qu'on aperçoit de Monaco n'est qu'une longue plantation de palmiers. Rien de plus surprenant à voir, de plus étrange, de plus grandiose.

Décidément les palmiers sont faits pour aller par troupes, comme les éléphants.

Sanremo, qui succède à la Bordighera dans ce panorama sans cesse renouvelé, est une des expressions les plus complètes et les plus importantes de toutes les villes du littoral, et particulièrement de la rivière de Gênes. C'est pourquoi je demanderai la permission de m'arrêter sur Sanremo. Je lui conserve son orthographe et sa désinence italiennes, non-seulement parce que nous sommes en Italie, mais encore parce qu'il me serait difficile de la désigner autrement.

Elle s'est appelée autrefois Saint-Romulus, du nom d'un évêque de Gênes qui était venu y mourir, et plus anciennement Matuta, du nom de la déesse Aurore sans doute. Comment ces deux appellations se sont-elles fondues plus tard en celle de Sanremo ? Mystère !

Sanremo est encore une ville bâtie en amphithéâtre, ce qui la divise naturellement en ville haute et en ville basse. Naturellement aussi, la ville haute est la ville ancienne, et la ville basse est la ville moderne. Celle-ci se compose d'une longue rue bordée des invariables *Hôtel Victoria* et *Hôtel de la Grande-Bretagne;* c'est la seule connue des voyageurs. Je suis tout de suite allé à l'autre.

Ce n'est plus d'une ascension qu'il s'agit, cette fois, mais d'une escalade. Par quel prodige d'équilibre nos ancêtres savaient-ils faire tenir des maisons sur les parois des précipices ? sans indication d'aucune sorte, sans conducteur, comme toujours, j'ai pris par le versant oriental, qui se trouve être le plus pénible à gravir. Vingt fois je me suis vu sur le point non pas de tomber mais de dégringoler. Je comprends que les Anglaises, si intrépides cependant, s'arrêtent dès les premiers pas et rebroussent chemin.

C'est le quartier pauvre et laid, et même plus que laid.

Les rues ne sont plus des rues, ni même des ruelles, ce sont des boyaux. Les allées ne sont pas des allées, mais des trous plongeant dans des ténèbres insondables. On a beau se rappeler qu'on est au milieu d'une population de braves gens (depuis un temps immémorial les statistiques ne constatent pas un seul meurtre à Sanremo), on ne peut se défendre d'une certaine inquiétude. Comment peut-on vivre là dedans? Comment y vit-on? Telles sont les questions qu'on s'adresserait si l'on n'était exclusivement préoccupé par les embarras de la gravitation. Toujours monter! toujours tourner! toujours s'enfoncer dans l'effrayant et dans l'immonde ! On comprend ces lignes de l'*Homme qui rit* : « Tout à coup Gwinplaine entra dans de l'inattendu. » Hâtons-nous de dire que la récompense est au sommet, où un point de vue étourdissant m'a récompensé de toutes mes fatigues.

La descente par le versant occidental est considérablement plus adoucie ; c'est le chemin de tout le monde, celui qu'on m'eût indiqué si j'avais consenti à demander mon chemin ; — l'autre est celui des indigènes, le casse-cou des intimes. Le crépuscule était venu ; les cloches annonçaient l'heure de la bénédiction. J'ai compté trois églises sur une seule place ; je suis entré dans l'une d'elles, très-éclairée et très-peuplée.

Une enseigne m'a rendu rêveur dans une des rues de Sanremo ; elle est ainsi conçue, et surmonte une boutique de modeste apparence :

Desalvi, débris de Napoléon Ier
Dépôt de sangsues.

Débris de Napoléon Ier ! Qu'est-ce que cela pouvait vouloir dire ? Était-ce un homme qui montrait pour de l'argent des débris du grand empereur ? Mais quels débris ? Napoléon a été inhumé tout entier. Il ne pouvait donc être question de débris humains, mais seulement de débris de costumes, d'objets lui ayant appartenu. Ce point expliqué, restait le « dépôt de sangsues. » Je cherchais quel rapport il y avait entre les impériales reliques et ces vulgaires annélides. La boutique obscure ne laissait rien voir à l'intérieur.

Après avoir passé et repassé plusieurs fois, je me décidai à entrer. Un vieillard se détacha de l'ombre et s'avança, en me demandant comme aurait pu le faire un commis de notre rue des Lombards, « ce qu'il y avait pour mon service. » Lorsque je lui eus exprimé mon désir de voir *le* ou *les* débris de Napoléon Ier annoncés sur son enseigne, il me répondit du ton le plus simple :

— C'est moi, monsieur.

Et comme ma physionomie exprimait l'étonnement, il ajouta :

— Je suis un des derniers soldats de Napoléon... J'ai fait la guerre d'Espagne, et de tous mes compagnons je suis resté le seul survivant... Ne vous étonnez pas si l'impression que j'ai conservée de ces événements est telle, que j'ai voulu en consacrer le souvenir par l'inscription qui vous a fait vous arrêter... comme tant d'autres... Dans le commencement, mes compatriotes se sont un peu moqués de moi, mais cela m'était égal ; ils ont fini par s'habituer à mon culte pour Napoléon, qui était avant tout un Italien encore plus qu'un Français... J'ai bien gagné le droit de me regarder comme un de ces débris, car les blessures ne me manquent pas... Mais, malgré cela, le débris peut durer quelque temps encore... Eh ! eh !

Je regardai ce vieillard qui est, en effet, assez vert.

Il me fit les honneurs de son humble logis et me montra plusieurs images encadrées représentant des scènes de bataille.

Mais ce que je ne m'expliquai pas, ce fut la présence, dans sa chambre, d'un cabriolet, — sans cheval, il est vrai! Je soupçonne le digne homme de coucher en voiture.

Je pris congé de M. Desalvi en lui promettant de lui acheter des sangsues, à l'occasion.

IV

Gênes. — La rue aux Palais.

Gênes est le prodigieux finale de cette symphonie pastorale qui s'appelle la Corniche. C'est une explosion de magnificence.

A mesure que j'en approchais, je répétais cette strophe de l'épître enjouée et émue adressée par Alfred de Musset à son frère revenant d'Italie :

> Tu l'as vue, assise dans l'eau,
> Portant galment son *mezzaro*,
> La belle Gênes.

> Le visage peint, l'œil brillant,
> Qui babille et joue en riant
> Avec ses chaînes.

Nous verrons tout à l'heure ce que c'est que le *mezzaro*.

Le chemin de fer, tantôt longeant la mer, tantôt courant en plein faubourg, vous dépose doucement dans une gare immense, bien mieux aménagée que nos gares françaises, en ce sens que les voitures y peuvent entrer et circuler à couvert, et donnant sur la grande place de l'Acqua-Verde. Là se dresse, sur un haut piédestal orné d'attributs maritimes, une statue de Cristoforo Colombo, la main appuyée sur une belle sauvagesse agenouillée et vêtue de plumes.

Cette entrée à Gênes, moins panoramique que l'entrée par le port, a cet avantage d'introduire immédiatement le voyageur au milieu de ces palais incomparables qui sont la gloire de la noble cité. *Via Balbi*, *Via Nuovissima* et *Via Nuova* ne sont à vrai dire qu'une seule et longue rue bordée à droite et à gauche des plus somptueux édifices, presque tous en marbre et d'une architecture grandiose. Quelques-uns sont couverts de fresques ; celui de la famille Brignole-Sale est uniformément rouge du haut en bas, ce qui lui a valu le surnom de *Palazzo rosso*. Ces palais sont d'une hauteur considérable ; le premier étage passerait chez nous pour un troisième. Au-dessus de portiques immenses ouvrant sur des vestibules ornés de colonnes et de statues, se détachent d'énormes blasons sculptés. Quelque averti qu'on soit, l'impression produite est saisissante ; on cherche dans sa mémoire un équivalent, sans le trouver. Dans chaque ville, certainement, on rencontre un ou deux palais sur une place, rien de plus commun ; mais ici, c'est toute une rue de palais, une rue de deux kilomètres : palais Durazzo, palais Balbi-Piovera, palais Tursi, palais Serra, palais Adorno, palais Grimaldi, palais Doria, palais Cattaldi, palais Cambiaso, palais Negroni, palais Spinola, etc., etc. La plume se lasserait à les énumérer ; les livres-guides eux-mêmes y renoncent. Chacun de ces palais est digne de loger un roi ; mais il n'y a pas assez de rois dans le monde pour peupler la « rue aux Palais » de Gênes. — Il ne fallait rien moins que cette accumulation de splendeurs, que cette débauche de merveilles pour faire perdre la tête à l'honnête Dupaty. Écoutez-le[*], le premier jour de son arrivée; il marche comme un homme ivre; il peut à peine, en rentrant, jeter quelques lignes sur le papier : « Je suis ébloui, étourdi, ravi; je ne sais ce que je suis; mes yeux sont remplis d'or, de marbre, de cristal, de porphyre, de basalte, d'albâtre en colonnes, en pilastres, en chapiteaux, en ornements de toutes les espèces, de toutes les formes, de tous les genres, ionique, dorique, corinthien; mille tableaux sont épars dans mon imagination. »

Et voilà pourquoi Gênes a mérité d'être appelée « la Superbe », tandis que Venise s'est contentée d'être *Venezia la bella*. Lequel vaut mieux? L'une et l'autre se sont *partagé l'empire des mers*, comme on dit au collége; l'une et l'autre ont été gouvernées par des doges également sérénissimes. Si Venise a eu le Conseil des Dix, Gênes a eu les inquisiteurs d'État. Elles ont passé toutes les deux par d'incroyables périodes de fortune et de revers, de grandeur et d'abaissement. De tout cela, il leur reste des palais, et encore des palais. Mais les palais de Venise sont de frêles constructions à côté des palais de Gênes, ces masses colossales. On n'a aucune idée, avant d'avoir pu en juger par soi-même, de l'épaisseur de ces murailles, auxquelles l'éternité semble être acquise. Que dirons-nous de la décoration intérieure après tous nos éloges de l'ornementation extérieure? Quels termes assez suffisants nous restera-t-il en présence de cette profusion et de cette irradiation? La lutte de faste et d'orgueil entreprise contre Venise se continue dans les palais à coups de chefs-d'œuvre de peinture ; et lorsque la ville des lagunes semble près de triompher par le génie de ses Titien et de ses Véronèse, Gênes, les mains pleines d'or, va chercher à travers l'Europe entière les toiles des maîtres les plus renommés pour les réunir chez elle. C'est ainsi que chacun de ses palais est un musée précieux.

Lors de mon premier séjour à Gênes, j'avais l'habitude de visiter régulièrement, chaque jour, trois ou quatre palais après mon déjeuner. C'était ma moyenne. Au bout de quinze jours, je n'avais pas fini, je me lassai; — on se lasse de tout, même du beau.

Le palais, cette plante particulière au sol de Gênes, ne pousse pas seulement dans les trois rues plus haut nommées; il vient aussi dans les rues de traverse, dans les ruelles, aux carrefours. Si vous vous informez d'un perruquier ou d'un

boulanger, on vous répond tranquillement :
« Le troisième palais à gauche. » Les gens
qui n'ont pas les moyens d'avoir un palais s'en
font peindre un sur la façade de leurs maisons. De là, la multitude de fresques dont la
vieille ville est revêtue. Cela lui donne un air
de gaieté, comme une robe à ramages à une
grand'mère.

Je confesse ma sympathie pour ce mode de
décoration. Un mur où danse une nymphe me
plaît mieux qu'un mur tout nu. J'ai de quoi
me satisfaire ici : les fresques interviennent partout et à propos de tout ; elles masquent les
misères et relèvent les mesquineries ; elles rendent l'auberge plus invitante et donnent du style
à l'hôtel garni. C'est plaisir de les voir courir
le long des faubourgs, ouvrant des perspectives
azurées dans les impasses, accrochant leurs
guirlandes aux croisées borgnes, faisant monter
jusqu'aux toits du pauvre la lumière et le printemps. L'art n'a quelquefois rien à voir là
dedans ; quelquefois même il est assez outrageusement méconnu ; mais qu'importe ! Je ne
déteste pas le mauvais goût, lorsque le mauvais
goût se fait amusant, et c'est le cas à Gênes.
Laissez-moi donc aller à ces innocents coloria-

ges ; songez que j'ai tant d'occasions de voir du blanc et du correct !

Gourmandise.

Génois et Génoises sont extraordinairement « portés sur leur bouche », comme on dit en style familier. Les boutiques de *confituriers* abondent dans chaque rue, presque dans la même proportion que les marchands de vin à Paris. Mais quelle différence à l'avantage de Gênes ! Quel aspect riant ont ces boutiques, et les jolies marchandises qu'on y débite ! Pralines, marrons confits, dragées de toutes les couleurs, cédrats, grenades, chapelets de gimblettes, brochettes de caramels, quartiers d'oranges glacés, pistaches, macarons, pâtes sèches, ouvrages en chocolat, biscuits de mille sortes et de mille formes, boutons de fleurs d'oranger au sucre candi, raisins secs, — tout cela entremêlé de fleurs, enveloppé de rubans, étalé dans des boîtes coquettes. Ces boutiques ne désemplissent pas du matin au soir. Il y en a pour le peuple et pour l'aristocratie. Même dans les plus modestes, on compte toujours quatre ou cinq personnes achetant, babillant, choisissant, goûtant, grignotant. Il semble que l'action de manger des bonbons soit la grande affaire de la vie à Gênes. Heureusement qu'ils ne coûtent pas cher.

Le marchand de filigranes.

Au bas de la rue Luccoli, tout près de la *Loggia de Banchi*, les magasins des marchands de filigranes appellent les regards des passants. Filigranes d'argent et d'or, filigranes en colliers et en boucles d'oreilles; filigranes pour broches et pour breloques, figurant des éventails, des arrosoirs, des barques, des poignards, des fleurettes, des papillons. Les filigranes sont une des plus mignonnes spécialités de l'industrie génoise. Le mot seul est charmant; les lettres qui le composent semblent briller d'un éclat fin et vif.

Depuis un quart d'heure, peut-être davantage, j'étais en contemplation devant un de ces magasins-là, prenant un plaisir naïf à regarder ces étincelantes bagatelles répandues dans plusieurs vitrines. De rêverie en rêverie, j'en étais venu à les comparer à ces autres bagatelles de l'esprit et du style dont quelques-uns de nous, ouvriers en phrases, nous faisons profession plus ou moins.

« Ce sont aussi des filigranes, pensais-je, ces

petits couplets déliés, légers et fragiles, que nous exposons dans les volumes et dans les revues, ces vitrines de l'intelligence ; — ce sont des filigranes, ces sonnets que nous tâchons de faire si chatoyants, ces stances qui se déploient comme des branches d'éventail, ces chansons qui s'épanouissent comme des fleurettes ; — filigranes, ces épigrammes qui imitent des poignards, et ces madrigaux qui imitent des papillons. Avec nos filigranes nous essayons, nous aussi, d'attirer les yeux des jeunes femmes et des passants qui se laissent encore prendre à la poésie. »

Je mettais une certaine complaisance à poursuivre cette comparaison, lorsque je fus rejoint par mon compagnon de voyage. Il regarda l'objet de mon attention et dit d'un ton insouciant :

— Peuh ! cela noircit bien vite !

Cette simple parole me causa une douloureuse sensation. Il me sembla que je venais d'être frappé au cœur. « Cela noircit bien vite ! » Voilà, en trois mots, la philosophie des filigranes. Soyez donc reluisants, délicats, exquis à plaisir ! « Cela noircit bien vite ! » Hélas! je m'en doutais un peu, mais je ne voulais pas y songer, et je sais mauvais gré à mon ami de m'avoir rendu dé-

sormais toute illusion impossible. Et vous tous,
mes confrères du temps passé, aimables maîtres
en filigranes, Voiture, Dorat, Boufflers, Aloysius
Bertrand, l'avez-vous entendu comme moi? l'a-
vez-vous entendu, l'implacable passant : « Cela
noircit bien vite ! »

O les filigranes de Gênes !

V

Les églises.

Les églises ne le cèdent point aux palais, ni
pour le nombre ni pour la richesse. On en compte
une centaine environ, en y comprenant les chapelles des couvents et des hôpitaux. La cathédrale, dédiée à San Lorenzo et située dans la
rue du même nom, où elle se présente de côté,
est un édifice de grand style, toute revêtue de
marbre, — cela va sans dire, — disposé en
assises blanches et alternées. Cela donne l'idée
d'un colossal jeu de dominos. Chacune des deux
rampes du bel escalier qui mène à un triple
portail est ornée d'un lion sculpté qui se préci-

pite vers le pavé, par un mouvement très-hardi.
Il est impossible de n'être pas conquis par cet
ensemble singulier et puissant.

Au contraire, l'église de l'Annunziata, sur le
parcours de la « rue aux palais, » n'a de valeur
qu'intérieurement. Il est vrai que c'est là tout ce
qu'on peut imaginer d'excessif et d'effréné comme
luxe d'ornementation. La tête vous tourne à contempler les voûtes rouges, bleues, dorées, — surtout dorées, — où se meuvent des milliers
de personnages peints. Il n'y a pas de place pour
un seul petit morceau de muraille nue. Étonnez-vous que le mot *théâtral* en arrive à la bouche
de tous les voyageurs.

Saint Cyr, une des plus anciennes églises de
la chrétienté, renferme plusieurs morceaux de
sculpture du Puget : une Vierge et des figures
d'anges. Saint-Étienne possède un tableau peint
en collaboration par Raphaël et Jules Romain.
André Doria est enterré à Saint-Mathieu.

Prenons le pont de Carignan, aux arches démesurées, qui joint deux collines, et arrivons à
Sainte Marie ou l'Assomption, la plus simple et
la plus admirée des églises de Gênes. Nous y retrouvons le Puget avec un de ses chefs-d'œuvre :
le Saint-Sébastien.

Églises et palais se valent comme on voit ; encore n'ai-je soufflé mot des toiles de Rubens, du Guide, du Titien, du Guerchin qui abondent dans les unes et dans les autres.

Puget au violon.

Ce grand artiste que la France revendique avec tant d'orgueil, — bien qu'elle ne lui ait épargné pendant sa vie ni les affronts, ni les injustices, — Pierre Puget, l'auteur du *Milon de Crotone*, a fait un séjour de plusieurs années à Gênes. Ce fut même la période la plus brillante de sa carrière si bien remplie. Accueilli par le sénat avec une distinction marquée, pensionné par les familles Sauli et Lomellini, chargé d'autant de travaux de sculpture et d'architecture qu'il pouvait en souhaiter, Puget connut la gloire et l'aisance. Il n'eût tenu qu'à lui de les connaître plus longtemps, sans un misérable événement qui réveilla mal à propos les turbulences provençales de son caractère.

Un soir qu'il était sorti de chez lui, après minuit, pour aller mettre une lettre à la poste, il se vit arrêté par une patrouille. A cette époque, un édit défendait de porter des armes la nuit, édit dont je ne m'explique pas très-bien la sagesse, car c'est surtout la nuit qu'il importe d'être armé. Or, par inadvertance, Puget avait gardé son épée; il essaya de se justifier auprès des soldats et déclina son nom ; mais ces hommes ne connaissaient que leur consigne et l'entraînèrent au poste. Je soupçonne Puget de leur avoir opposé quelque résistance et quelque bruit, ce qui dut aggraver son affaire. Furieux, il écrivit du poste même à son protecteur Sauli en le priant de venir le délivrer sans retard ; mais soit que la lettre n'ai pas été remise, soit que Sauli ait été négligent, Puget dut passer la nuit au corps de garde.

Il en conçut une telle colère, qu'une fois de retour dans son atelier, il y mit tout en pièces. Puis il signifia au sénat qu'après l'affront qu'il venait de recevoir, il lui était impossible de rester à Gênes et qu'il allait préparer son départ. Quelques excuses qui lui fussent faites, et quelques instances qu'on employât, elles le trouvèrent inébranlable dans sa funeste et, disons-le, absurde résolution. Je ne jurerais pas qu'au dernier moment le regret ne se soit glissé dans son âme et qu'il n'ait pressenti le triste avenir qui l'attendait, mais l'entêtement marseillais fut le plus fort. Puget revint dans son pays, où il passa ses dernières années et où il épuisa ses forces à lutter contre la mesquinerie des municipalités et des ministres. Combien de fois ne dut-il pas reporter les yeux sur cette Gênes qu'il avait contribué à faire superbe!

Une nuit au violon, cela pouvait se pardonner...

L'Acqua-Sola.

L'Acqua-Sola est un grand jardin-promenade situé sur une plate-forme qui s'élève au centre même de la ville. On y arrive par de larges escaliers et par des pentes douces, accessibles aux voitures. Des allées bien entretenues, de beaux arbres, des parterres de fleurs, des bancs occupés par des bonnes d'enfants, un bassin, voilà ce qu'on voit à l'Acqua-Sola, comme dans tous les jardins publics. Mais ce qu'on ne voit qu'à l'Acqua-Sola, ce sont des échappées bleues de la Méditerranée, ce sont des perspectives de montagnes, brunes comme des robes de moines; ce sont des villas éparpillées et comme piquées dans une campagne continuellement ensoleillée. Pourtant, ce ne serait pas encore assez si à l'extrémité de l'Acqua-Sola ne se dressait un énorme monticule assez semblable au labyrinthe du Jardin des Plantes, à Paris, et comme lui façonné en colimaçon, mais bien plus considérable, avec des terrasses étagées, aboutissant à un observatoire d'où l'œil embrasse tout l'amphithéâtre de Gênes et peut s'étendre par un ciel clair jusqu'aux monts de la Corse.

Des plantes rares, des oiseaux étrangers, et même quelques animaux féroces ont été rassemblés dans cette partie de l'Acqua-Sola, qui n'est ouverte qu'à de certaines heures du jour.

J'allais oublier de mentionner un théâtre diurne de dimension assez grande, qui est établi à l'Acqua-Sola. Dans une stalle de parterre à ciel ouvert, j'y ai vu jouer, l'après-midi, une pièce fortement accusée dans le sens antireligieux. Il s'agissait de l'enlèvement d'une jeune fille par des moines. Stenterello, l'inévitable bouffon, contrecarrait sans cesse les projets de ces derniers ; une des scènes les plus applaudies était celle où il tenait sous son poignard levé un franciscain, blême de terreur et dépêchant force signes de croix.

Il ne me restera plus rien à dire sur l'Acqua-Sola lorsque j'aurai appris au lecteur que cette

riante et majestueuse colline sert de tombeau à
quatre-vingt mille victimes de la peste de 1556.

Diatribe contre Gênes.

Aucun voyageur n'a refusé son tribut d'admiration à Gênes. Seul, Montesquieu (le croirait-on?) s'est mis en frais de diatribe, et, qui plus est, de diatribe poétique. Il paraît que le grave président n'était pas content de l'accueil qui lui avait été fait par les Génois. Il s'en vengea par sept ou huit maigres strophes qui n'étaient point destinées à la publicité et qui y sont cependant arrivées par la trahison d'un ami. Rien de plus médiocre que ce petit morceau, qui commence ainsi :

> Adieu, Gênes détestable !
> Adieu, séjour de Plutus !
> Si le ciel m'est favorable,
> Je ne vous reverrai plus.
>
> Adieu bourgeois, et noblesse
> Qui n'a pour toutes vertus
> Qu'une inutile richesse ;
> Je ne vous reverrai plus.

Suivent quelques strophes dont nos lectrices souffriraient difficilement le réalisme ; et puis la conclusion, sèche comme la teneur d'un passeport :

> Mais un vent plus favorable
> A mes vœux vient se prêter :
> Il n'est rien de comparable
> Au plaisir de vous quitter.

Décidément, l'auteur des *Lettres persanes* n'était homme d'esprit qu'en prose.

Les bouquets.

Une autre industrie de Gênes, ce sont les bouquets, bouquets gigantesques, monstrueux, dont la renommée est européenne, et dont l'exportation se fait sur une grande échelle. On les confectionne et on les vend en plein air, sous les portes cochères qu'ils obstruent de leur énorme circonférence.

Ainsi, les bouquets, les filigranes et les bonbons, voilà la Gênes moderne. Ce sont là les apparences d'une ville heureuse ; on en conviendra. Et de fait, la gaieté, l'animation, la vie, voilà ce qui y saute aux yeux. Sur le port et aux alentours, règne une activité considérable. Dans les rues, les hommes causent à voix haute; les femmes marchent rapidement, couvertes du *mezzaro*, long voile de mousseline, blanc ou noir, qui leur sert de coiffure et qui retombe sur leurs épaules. Le *mezzaro* est moins coquet que la mantille, mais il a encore de la tournure.

J'ai dit que je ne parlerais pas des galeries de Gênes, d'ailleurs bien connues ; mais je dois une mention à cette pauvre école génoise dont on soupçonne à peine l'existence. Elle a laissé pourtant, aux plafonds des palais locaux, une série de fresques fort remarquables et d'un caractère très-particulier. C'est un mélange de ce goût et de ces instincts décoratifs qui semblent inhérents aux Italiens, avec un naturalisme tout flamand ; point de grandes visées au style ; en revanche, beaucoup de verve, d'imagination et d'abondance. Je signalerai notamment aux artistes deux décorateurs génois qui pourraient tenir tête à Pietre de Cortone : ce sont Valerio Castello et Cambiasi.

Ce dernier devrait être connu, ne fût-ce que par ses malheurs domestiques, dont les Génois vous font un récit assez drolatique. Ce pauvre Cambiasi est le type même de l'homme *enguignonné*. Il avait une femme qui allumait son feu avec ses dessins, qui le querellait au jour la journée, et qu'il adorait. Quand elle mourut, il lui vint une idée lumineuse : ce fut de la remplacer par sa belle-sœur qui lui ressemblait trait pour trait. Pour cela, il fallait des dispenses ; Cambiasi alla se jeter aux pieds de son curé, qui le renvoya à son archevêque, lequel le renvoya au pape. Il ne se décourage pas ; le voilà parti pour Rome. Il voit les cardinaux qui haussent les épaules :

— Vous êtes fou ! lui dit-on ; Sa Sainteté ne peut pas encourager l'inceste.

Il voit Grégoire XIII, qui l'admoneste sévèrement et lui commande de mettre sa belle-sœur à la porte. Il revient à Gênes, la mort dans l'âme. — Il y trouve des lettres d'Espagne qui l'appelent à la cour de Philippe II ; toutes ses espérances se réveillent. S'il pouvait intéresser Philippe II à son mariage ? le pape aurait-il quelque chose à refuser au roi très-catholique ? Exalté par cette idée, Cambiasi court à Madrid ; là, pendant six mois, il s'épuise en chefs d'œuvre pour plaire à ce sinistre Philippe II, qu'on déridait si malaisément. Enfin, il réussit, le voilà en faveur ; le roi passe ses journées dans son atelier ; c'est le moment de parler, l'occasion est belle ! Mais Cambiasi, rendu prudent par l'infortune, consulte d'abord un vieux courtisan de ses amis :

— Faites, dit celui-ci, faites ! et vous sortirez demain de l'Escurial pour monter sur les bûchers de la très-sainte Inquisition !

C'était le coup de grâce; Cambiasi tomba malade. Un abcès s'était formé dans sa poitrine. Le remède qu'on imagina fait honneur à la candeur des médecins de l'époque. De temps en temps, ils entraient chez le malade brusquement, sans l'avertir, espérant qu'ils lui feraient peur, que cette peur le secouerait fort et que cette secousse ferait crever l'abcès. Mais, pour le malheur de Cambiasi, il se trouva qu'il n'était point poltron, qu'il ne se laissa point effrayer, et qu'il garda parfaitement son abcès, dont il mourut.

XIX

ANVERS

Je suis allé dîner, dimanche dernier, à Anvers.

Parti bien doucement de Bruxelles par le train d'une heure et demie, je suis arrivé à Anvers avant trois heures.

Le jour éblouissait. Afin de trouver un peu de fraîcheur, j'ai gagné les quais de l'Escaut par le Canal-au-Beurre, et j'ai pris passage sur le bateau à vapeur qui fait toutes les demi-heures la traversée de la Tête-de-Flandres.

La Tête-de-Flandres est un village assis jusqu'au cou dans un marécage, et qui donne une idée juste des villages humides de la Hollande.

On y mange des boutures d'anguilles aux herbes vertes. On y boit aussi du *Boonekamp* en guise d'apéritif. Le *Boonekamp* est un liquide amer, dont on jette quelques gouttes dans un petit verre de *schiedam*, et qui tire son nom de son inventeur ou de son préparateur, Boonekamp. — Est-ce bon? Je ne m'en suis pas mal trouvé.

De la Tête-de-Flandres, et particulièrement du cabaret *aux Trois-Cochers*, on aperçoit tout Anvers, avec ses toits couleur de rouille, avec les clochers de ses églises et les mâts de ses navires. C'est un point de vue joli en tout temps, et dont le charme se doublait pour moi, ce jour-là, de la pureté du ciel, du soleil éclatant et de l'heureuse disposition d'esprit où je me sentais.

Après avoir repris le bateau, je me suis fait conduire en voiture, — une voiture dont la caisse était peinte en carmin, — aux anciennes portes de la ville, constructions carrées et massives, d'un curieux caractère. On parle de les démolir ; cela serait regrettable ; elles ne gênent personne, et elles ajoutent au pittoresque d'Anvers. Mais les villes, qui s'enorgueillissaient autrefois de leurs physionomies distinctes, ne tiennent plus aujourd'hui qu'à se ressembler entre elles.

Cela est si vrai que mon cocher a voulu à toute force me faire traverser le nouveau jardin public. J'ai vainement essayé de résister : il s'était exprimé jusque-là en français ; il s'est mis à me répondre en flamand, pour me convaincre. Le jardin anversois est cet éternel jardin anglais que toute ville, grande ou petite, met sa vanité à posséder. Le nouveau, c'est le beau.

La chaleur étant tombée, j'ai pu congédier mon cocher et me promener à pied par les rues et par les places. La ville était un peu déserte à son centre, ainsi qu'il arrive partout le dimanche. Je suis allé pendant une heure environ, au hasard, bayant aux vieilles maisons espagnoles, m'extasiant devant le puits-bijou, rendant aux passants la curiosité qu'ils me témoignaient, me retournant pour suivre du regard une femme couverte de la *faille* locale, souriant aux miroirs qui garnissent le bord des fenêtres, pensant à Rubens et au maréchal Gérard, — et surveillant les progrès de mon appétit.

On mange assez bien au *Rocher de Cancale*, près de l'ancienne Bourse, où j'ai dîné. Je reprocherai pourtant aux garçons de service une tristesse désespérée, et que rien ne justifie. Ils apportent les plats, ils débouchent les bouteilles avec un maintien consterné, une expression lugubre, voisine du remords, et qui finit insensiblement par gagner le consommateur. On a l'air de prendre son dernier dîner. J'avais une larme dans l'œil au dessert. Je suis loin certainement de réclamer la turbulence, souvent familière, des garçons français; mais je n'entends pas non plus être servi par des gens affligés, quelque suprême distinction qu'il y ait à cela.

J'étais attendu le soir avec deux amis, M. P. M... et M. Arthur Stev..., pour prendre le thé chez M. H. Leys, le célèbre peintre belge.

Nous fûmes introduits dans une habitation somptueuse : large vestibule, salons élégants, serre, bibliothèque, tout le luxe et tout le confort. Voilà comme le talent devrait être toujours logé !

La salle à manger, du plus haut style, emprunte sa principale décoration à une grande fresque du maître de la maison, représentant un cortége du xvie siècle qui se rend à la fête nocturne de Noël. C'est une résurrection complète, gaie, magnifique.

L'hospitalité de la famille Leys est elle-même comme un ressouvenir et comme un parfum des vieilles Flandres. Un instant, dans le fauteuil sculpté qui m'avait été offert, j'ai perdu absolument le sentiment de ma nationalité : je me croyais un de ces personnages archaïques dont les robes brunes ou rouges se détachaient si vivement sur la muraille. Pour le coup, j'étais certain d'être à Anvers!

Dans cet ordre d'idées, une excursion aux bassins, par la nuit claire d'étoiles, devenait indispensable. Cette partie de la ville était remplie de monde. Devant les tavernes s'allongeaient des rangées de tables. Chacun, homme ou femme, avait à côté de soi un verre de bière, — cela va sans dire, — et une poignée de crevettes grises. A Anvers, on mange des crevettes à toute heure, sous tous les prétextes, sans prétexte, à jeun, avant et après dîner, comme on fait des olives en Provence. Je n'ai pas mangé de crevettes, mais j'ai bu de la bière au milieu d'une population tranquille, s'amusant sans rire, et écoutant, les yeux sur l'eau du fleuve, les musiques ambulantes qui abondent dans ce pays.

A minuit, j'étais de retour à Bruxelles.

XX

LONDRES

Je demeure depuis huit jours dans Temple-Bar, à quelques pas de la porte de la Cité.
— C'est assurément un des endroits les plus bruyants de Londres et celui qui, pour l'affluence des voitures, me rappelle le mieux l'embouchure de la rue Montmartre. Là, tous les matins, un interprète, que les directeurs de l'Orphéon ont bien voulu attacher à la personne de quelques représentants de la presse parisienne, vient frapper à ma porte et me dire :

— Allons, monsieur, levez-vous ; on vous attend pour déjeuner et pour aller au Palais de Cristal.

Les deux premiers jours, je me suis montré assez obéissant : je me suis levé, j'ai déjeûné et je me suis rendu au Palais de Cristal.

— Faites-vous partie de la *Société chorale de Ruffec?* m'a demandé, à l'entrée de la grande salle, un de mes compatriotes pavoisé de rubans et de glands d'or.

— Parbleu ! ai-je répondu.

Puis, j'ai été me faire raser, auprès de la maison dite maison de Pompeï.

En sortant de chez le barbier, un individu habillé de noir m'a offert un papier imprimé. Croyant à quelque annonce de chapellerie, j'ai refusé. Il a insisté avec une nuance suppliante. C'était un morceau de littérature intitulé : *le Vieillard à l'hôpital*, et publié par la Société des Traités religieux. — J'ai mis le papier dans ma poche, car la foule arrivait pour le premier concert des trois mille chanteurs français, — une foule composée d'éléments très-divers, calme dans sa curiosité, mais d'une attitude relativement bienveillante et même souriante. Il n'y avait que des toilettes de ville.

Sur l'amphithéâtre des exécutants, disposé en immense éventail, je remarquai plusieurs poteaux plantés à distances égales et portant ces noms : Cossé, Saint-Bris, Tavannes, Méru, etc.; d'où je conclus qu'on exécuterait le septuor des

Huguenots. — En attendant, m'étant assis à l'écart, je me pris à lire le commencement du *Vieillard à l'hôpital :* « Un jour que j'étais allé visiter un homme à l'hôpital de la ville voisine, on me dit qu'il y avait dans la maison un bon vieillard qui avait une plaie dangereuse à une jambe, et qui serait bien heureux de me voir. L'infirmier me conduisit dans sa chambre, et je l'y trouvai seul et couché. Sa figure vénérable portait l'empreinte de la sérénité *et même de la joie...* »

Trois jeunes Anglaises vinrent en ce moment s'asseoir auprès de moi ; une d'elles était si jolie que j'en restai bouche béante. — Où avait-elle été chercher ses cascades de cheveux blonds ? A quel séraphin de vignette avait-elle dérobé l'idéal velours de ses yeux ? Je croyais avoir devant moi la statuette de la Poésie. Un teint semblable ne me semblait pouvoir être obtenu que par l'emploi fréquent d'une limonade, composée avec *les Amours des anges,* de Thomas Moore, et *le Lac,* de Lamartine, édulcorée de quelques mélodies de Schubert. Plus tard, on m'a dit que cette fraîcheur incomparable était sinon obtenue, au moins entretenue par un usage discret de l'arsenic sous un assez grand nombre de formes. — Au diable les tueurs d'illusions !

On ne s'attend pas, je pense, à trouver ici un compte rendu exact et raisonné de ce concert, non plus que de ceux qui l'ont suivi. J'aime la musique comme le créole aime le hamac, voilà tout. Quant à prononcer entre *les Enfants du Jura* et *les Vénitiens de Bayeux*, entre *la Lyre toulousaine* et *le Rebec de Condé-sur-Noireau*, adressez-vous à de plus compétents que moi.

Je me dispenserai également de donner la suite du *Vieillard à l'hôpital*, qui est sans conteste une œuvre pleine de morale et d'onction, mais écrite dans un style qui n'a encore été annexé à aucune grammaire.

J'aime la rue — autant que Laurent Sterne, dont je viens de voir le portrait et l'écriture au British Museum. La plaie des rues de Londres en ce moment, ce sont les chanteurs américains, ces faux nègres qui chantent avec mille contorsions, en s'accompagnant d'instruments en bois. — Après les chanteurs américains, il convient de classer immédiatement les cartes de visites photographiques, qui obscurcissent de leurs petits nuages bruns ou blonds les vitres de tous les papetiers. Entre tous, le portrait d'une actrice, Lydia Tompson, en costume de page, se reproduit à l'infini; sa figure est bien; ses jambes sont mieux.

Les beaux homards que je vois dans la rue ! Non pas qu'ils soient extrêmement gros, mais leur couleur est si riche qu'on les croirait *repassés* par un peintre. Ils reposent au milieu d'opulentes laitues d'un vert tranquille. — Chose étrange ! la plupart des marchands de comestibles donnent non-seulement à manger et à boire, mais encore à coucher. Sur les panneaux de leur devanture et sur leurs lanternes extérieures, on lit : *Good beds* (bons lits). — Ne cherchons pas trop à approfondir ce mystère.

Dans une petite rue, parallèle au Strand, étroite et obscure, se tiennent les librairies équivoques, les marchands d'estampes coloriées, les bouquinistes. Je m'approche d'une vitrine et je lis les titres de ces livres français : *Felicia ou Mes Fredaines, le Cadran de la Volupté, les Bijoux indiscrets, les Extases de l'Amour, Hic et Hæc ou l'Élève des jésuites d'Avignon*, etc., tout un répertoire aphrodisiaque, en éditions du XVIIIe siècle. On ne se gêne pas dans ce coin de Londres ! L'ouvrage de fond, en ce genre spécial, me paraît être un volume intitulé :

Fanny Hill; il se retrouve à tous les étalages et il coûte une guinée ; seulement il est hermétiquement enveloppé et ficelé ; il faut l'acheter sans l'ouvrir, — *de confiance,* comme nous disons chez nous. Ce n'est pas que je manque de confiance, mais une guinée me semble pouvoir être mieux employée. Je quitte donc cette ruelle, qui continue paisiblement la tradition de notre ancienne galerie de bois, au Palais-Royal. Pour en revenir à l'écriture de Sterne, c'est une écriture toute moderne, haute et penchée, élégante et rapide, ni trop maigre ni trop grasse.

— Allons, monsieur, levez-vous ; on vous attend pour déjeuner et pour aller au Palais de Cristal.

Cette fois, ayant appris qu'il devait y avoir quatre concerts, je laisse dire mon interprète, et je crois pouvoir sans inconvénient disposer de ma journée. Justement *le temps est beau pour la saison,* comme s'exprime le gendarme célèbre de M. Nadaud : il ne pleut que toutes les demi-heures, — occasion excellente pour voir la Tamise ; je ne la laisse pas échapper : un bateau à vapeur, clapotant dans la brume, m'emporte vers Cremorne-Garden.

· Les bords de la Tamise sont sinistres : pas de quais ; des bateaux noirs amarrés à des poteaux fangeux ; parfois une tentative de verdure au-devant d'une maison sans fenêtre, c'est-à-dire deux ou trois arbres qui semblent garder un cimetière particulier. Au printemps, ces arbres doivent se pencher les uns vers les autres, en murmurant : « Frères, il faut fleurir ! »

Au bout de quelques minutes, me voici à Cremorne-Garden, une jolie guinguette, où une fête en l'honneur des visiteurs français est annoncée pour jeudi. — En m'en revenant à pied, le long de l'eau, tous les petits polissons me poursuivent en faisant : *Coi, coi, coi !* — C'est la vieille plaisanterie de John Bull contre Jean Crapaud qui se continue. Jusqu'à la fin des âges, nous passerons pour nous nourrir exclusivement de grenouilles. — Un peu plus loin, des petites filles dansent, en me précédant, une ronde arrangée sur l'air de *Marlbrouck*. Tous ces enfants de la misère ont, sous leur crasse et leurs haillons, des traits charmants, des yeux pleins de vie des dents brillantes, des membres souples dans leur maigreur. Ils passent leur temps à faire la roue devant les passants, à marcher sur la tête. Un regard des policemen les met en fuite, mais ils reviennent à la charge en sautant, riant et tendant la main. Cela doit devenir de rudes matelots. Nos gamins à nous ne savent que geindre ; ils n'ont aucune invention dans leur mendicité, — et ils se réfugient sous les portes quand il pleut.

Je sortais, avec M. Vaudin, d'un café chantant, compliqué d'une exposition de peinture. Il pouvait bien être minuit et demi ; la nuit avait une clarté bleue. Nous nous trouvâmes, sans trop savoir comment, devant le palais de Westminster, et, bien entendu, nous nous arrêtâmes pour admirer cette gigantesque dentelle. — Un homme qui était là fumant un cigare vint à nous, et, après nous avoir examinés, nous dit, sans trop d'accent :

— Vous êtes Français, messieurs ; moi, je suis membre de la Chambre des Communes ; vous plaît-il d'assister à une séance de nuit?

Nous remerciâmes en acceptant. L'honorable gentleman nous conduisit lui-même à travers les dédales du palais illuminé à outrance. Je fus particulièrement frappé du jour factice qu'un plafond en verre dépoli, éclairé par dehors, envoyait à la salle des Communes ; on se serait cru en plein midi. La séance était assez animée : il s'agissait de la pêche à la morue.

Ensuite, nous parcourûmes la bibliothèque et nous fîmes une halte sur la terrasse, — d'où le point de vue, à cette heure, était d'un fantastique et d'un *noyé* à tenter le crayon d'un autre Raffet. Notre aimable guide avait une conversation très-attachante. Étant resté en arrière un instant, je m'enquis de lui à un huissier : il me nomma lord Bruce.

A mon second voyage au Palais de Cristal, j'ai reçu, dès l'entrée, un grand pli émanant encore de la Société des Traités religieux, et contenant : 1° une pièce de vers sur la prière ; 2° les Mémoires de Jean Woolman ; 3° des Pensées sur l'importance de la religion. — La veille, à la porte d'Exeter-Hall, une dame avait déjà bourré mes poches d'une Bible et d'un Nouveau Testament.

On m'a affirmé que le zèle des réformistes était poussé si loin, qu'il atteignait quelquefois aux dernières limites de la candeur. On prétend qu'ils vont chercher non-seulement les pécheurs, mais aussi les pécheresses, jusqu'au fond de l'abîme. Par exemple, il n'est pas rare (je parle toujours

21

par ouï-dire) qu'une miss Anna ou une miss Emily quelconque, habituée des salons de Hay-Market, reçoive, de temps à autre, une lettre ainsi conçue : « Quelques personnes qui s'intéressent à vous vous prient de vouloir bien venir prendre le thé tel jour, telle rue. » Naturellement, miss Emily, qui est la curiosité même, s'empresse de revêtir ses ajustements les plus coquets et de se rendre à l'adresse indiquée. Elle y trouve, — après le thé promis, — de pieuses âmes qui lui lisent un chapitre de la Genèse et plusieurs psaumes du roi David.

Hier, j'ai pris un chemin de fer qui, en un peu moins d'une heure, m'a transporté au seuil de Claremont. La reine Marie-Amélie et les princes d'Orléans étaient absents; j'ai pu visiter le parc, qui est immense et admirable. Rarement de plus beaux arbres avaient frappé ma vue. Deux pièces d'eau, dont l'une a l'importance d'un lac, coupent de leur calme lumière des massifs de verdure agréablement disposés. Presque tous les sentiers sont bordés de lauriers-roses; quelques-uns aboutissent à de petits temples dans le style mythologique du dernier siècle. Du haut d'un observatoire, semblable à une réduction de forteresse, on a un horizon infini. Le soleil, voilé à Londres, brillait à Claremont du plus pur éclat; sur un gazon étincelant et dru se roulaient d'énormes moucherons au corselet de velours.

Le château de Claremont est moins un château qu'une maison de belle apparence, blanche et respirant le confort.

Je ne suis pas sans inquiétude au sujet de quelques lettres pour Paris que, dans ma précipitation, et sur une indication mal précisée, j'ai jetées hier dans un orifice placé à l'angle d'un magasin de denrées coloniales. Je crains que mes lettres ne soient tombées dans un baril de pruneaux.

XXI

LISBONNE

« Monsieur, la Compagnie générale des Paquebots à vapeur fluviaux et maritimes inaugurera, le 25 avril 1862, le nouvel itinéraire de sa ligne d'Espagne ; et, ce même jour, le magnifique paquebot *la Ville de Brest*, qui vient d'être construit en Angleterre, entrera en service. Nous avons pensé, monsieur, qu'il serait de bon augure pour le nouveau service et le steamer neuf de les placer sous le patronage de quelques notabilités (*sic*), et nous avons décidé que ce premier départ serait affecté à un voyage de plaisir, auquel nous serions très-honorés si vous pouviez vous joindre. Le navire partira de Saint-Nazaire le 25, à midi ; ci-joint l'itinéraire du voyage. On pourra facultativement s'arrêter à Cadix, pour aller visiter par chemin de fer Séville et Cordoue... »

Il aurait fallu ne pas avoir une goutte de poésie dans les veines pour répondre par un refus à cette aimable invitation. La Compagnie avait également convié M. Théophile Gautier, M. Francisque Sarcey, M. Edmond About, M. Charles Habeneck, M. Louis de Cormenin, M. Édouard Pagnerre, M. Charles Brainne, M. Henri Fouquier et M. Félicien Mallefille, tous hommes de lettres, tous curieux, tous dilettanti. — Comment se fait-il que nous ne nous soyons trouvés que *trois* au moment de l'embarquement? L'Exposition de Londres réclamait les uns, m'a-t-on dit ; les autres avaient redouté les caprices de la mer au printemps; d'autres peut-être se contentaient de l'Espagne des *Orientales* et de l'Andalousie des premières romances d'Alfred de Musset.

Les deux hardis confrères avec lesquels j'ai mis le pied sur *la Ville de Brest* sont MM. Charles Habeneck et Fouquier. Un joli salon blanc rehaussé d'or a été mis à notre disposition; voici une table avec tout ce qu'il faut pour écrire ; voici un divan avec tout ce qu'il faut pour sommeiller. Les bouquets d'un épais tapis s'épanouissent sous nos pantoufles; les glaces brillent au-dessus des consoles de marbre. C'est dans ce salon, plus élégant qu'aucun cabinet de rédaction, que je noircis ces feuilles légères. Les premiers jours, j'ai besoin de me répéter souvent : « Cadix! Séville! Xérès! » pour perdre complétement la notion de la rue Bréda. Le mal de mer aidant, j'y réussis à moitié.

Notre première étape sur l'Océan, après trois jours de navigation, a été Lisbonne. Un soleil couchant de toute magnificence nous a fait complaisamment les honneurs de la capitale du Portugal. L'embouchure du Tage, si renommée, est encore, s'il se peut, au-dessus de sa réputation; c'est une largeur, une splendeur, une variété de perspectives, qui arrêtent sur les lèvres la sentimentale romance qu'on fredonnait déjà. A gauche, le Château des Maures élève dans les nuées ses assises fantastiques, — une chaîne de murailles et de donjons, en conversation réglée avec les Génies. A droite, dans un lointain sablonneux, se prolongent et s'étagent des montagnes qui servent de refuge, dit-on, à des populations demi-sauvages et tout à fait pillardes. Au fond, une centaine de mâts percent de leurs pointes blanches la vapeur pourpre de l'horizon, ayant pour sentinelle avancée la tour de Belem, le dernier mot de l'architecture chevaleresque. — On sait que Lisbonne partage avec Constantinople et Naples l'honneur d'être une des plus belles rades du monde. Elle est fière aussi de ses sept collines, sur lesquelles s'éparpillent, dans une charmante confusion, tant de palais, d'églises, de jardins et de maisons peintes en jaune, en vert, en rouge, en bleu, — si bien qu'on les croirait sorties d'une immense *bergerie*.

Je ne veux ni ne peux être prolixe. Toutefois, et justement parce que je suis pressé, j'ai la prétention de voir plus nettement et de retenir plus fortement. Je me suis déjà expliqué là-dessus. Tel croquis rapide parle mieux à l'imagination que mainte toile savante. Quelqu'un qui demeure trois ou quatre mois dans un endroit finit par perdre la perception des détails; il voit tout par masses et de haut; encore les masses se font-elles insensiblement confuses, et, si haut qu'il se place, l'écho des banalités parlées ou écrites n'en monte pas moins jusqu'à lui. Je ne suis resté que quatre jours à Lisbonne : ce serait trop peu assurément pour un historien, un archéologue ou un moraliste; c'est assez pour un peintre — ou pour un chroniqueur.

Je vais, par exemple, essayer de reproduire la physionomie animée d'une rue de Lisbonne, Choisissons, si vous le voulez, la rue d'Or ou la rue d'Argent, — deux noms heureux pour une cité commerciale. La rue part du Tage et va à la colline; elle est longue, elle est large, elle a des trottoirs; mais elle est pavée, dans son milieu, de cailloux fort pointus. Ses maisons ont quatre ou cinq étages, très-espacés entre eux; la plupart sont couronnés par une mansarde dont le toit en tuiles d'un rouge vif se retrousse à ses deux coins à la mode chinoise. Sur ce toit, le vent sème au printemps des graines que la pluie féconde et qui deviennent de charmantes fleurettes; cette végétation aérienne est d'un effet gracieux et imprévu. Les magasins, — *armazem*, en langue portugaise, — étalent moins de coquetterie; chacun d'eux se compose d'une petite boutique étroite, toujours ouverte, où se tient un marchand silencieux et, en apparence, assez indifférent au sujet des chalands. Ce marchand est inévitablement un bijoutier, dans les deux rues que je viens de nommer. De marchande, je n'en ai point vu, c'est une chose digne de remarque et singulièrement disgra-

21.

cieuse. La rue est sillonnée par des gens de la
campagne montés sur des mules; par des femmes
du peuple en manteau brun à collet de velours,
par une quantité innombrable de porteurs d'eau,
ayant sur l'épaule un baril peint de bandes
oranges et vertes, et lançant toutes les secondes,
sur une note aiguë, ce cri : *Agoa!* Deux gardes
du palais, en culotte courte et en habit écarlate
traversé par un baudrier, la pique au poing,
rasent les maisons sans trop de solennité. Un
nègre, coupable sans doute de quelque méfait,
est escorté par des caporaux de police, le sabre
nu. Au coin d'une église, un sacristain jaune et
vert quête pour les âmes du purgatoire. Voici
un enterrement : le char de la mort, conduit
par un cocher coiffé d'un volumineux chapeau
de général, est agrémenté de vignettes éplorées;
saules, mausolées, tibias en croix. Un gamin ne
se détourne pas, tout occupé d'un *cri-cri* qu'il
porte dans une cage lilliputienne. — Le cri-cri
représente une des passions et une des superstitions du peuple de Lisbonne; on en vend par
centaines dans les marchés, tous grouillant et
tous chantant dans de grandes caisses parmi des
feuilles de laitue qui leur servent de nourriture.
Il y a des cages à un ou deux étages, pour un

ou deux cri-cris ; les artisans les suspendent à leur plafond ou les accrochent au-dessus de leur porte.

Mais la rue d'Or ou la rue d'Argent n'est pas à proprement parler la rue originale de Lisbonne. En de certains quartiers aristocratiques et moins fréquentés, vous trouverez des maisons à revêtements de faïence et à balcons treillissés ; — en d'autres quartiers, principalement dans la vieille ville groupée autour et au-dessus de la cathédrale, vous vous heurterez au style arabe dans toute sa laideur et dans toute sa sauvagerie. Là abondent les ruelles lépreuses, les escaliers fangeux, les soupiraux plongeant dans l'ombre et dans la misère, les haillons féroces ; là rôdent des troupes nombreuses de chats jaunâtres et maigres, aux oreilles coupées. Ce côté de Lisbonne est hideux, et comme pour en augmenter et en compléter l'aspect, un incident lugubre m'attendait dans la vaste église de Saint-Vincent. A peine y étais-je entré qu'un de mes compagnons me désignant une table de pierre à droite : « Regardez donc cette petite poupée, » me dit-il. Cette petite poupée était un enfant mort. Il paraît que les mères indigentes ont encore l'habitude d'exposer leurs enfants trépassés, afin qu'ils soient enterrés aux frais des prêtres. On fait tout ce que l'on peut pour les en empêcher, mais elles arrivent avec leur petit cadavre caché sous leur manteau; elles guettent un moment de solitude, et ensuite elles se sauvent.

Je n'arrêterai pas plus longtemps votre attention sur ce tableau répugnant. Je préfère vous dire en somme quelle noble et brillante allure de grande capitale a cette Lisbonne, peu connue des touristes, même des touristes anglais. Des promenades ombragées et des jardins suspendus en varient le caractère régulier; on y rencontre même des champs cultivés entre deux faubourgs. Les monuments sont la partie faible; j'entends les établissements publics, les théâtres, les couvents. Mais qu'attendre d'une ville presque entièrement rebâtie à la fin du xviiie siècle?

XXII

SÉVILLE

Mon cher Villemessant,

Je m'en voudrais de ne pas vous écrire du pays de Figaro, de cette Séville si jolie et si fameuse. C'est un pèlerinage que vous devriez exiger de tous vos rédacteurs; on dirait désormais : « Aller à Séville, » comme on a dit longtemps : « Aller à Corinthe. » Rien n'y paraît guère changé depuis Beaumarchais et depuis Rossini; ce sont les mêmes rues, les mêmes arcades, les mêmes maisons. Le soir de mon arrivée, il y avait des soupirs de guitare dans tous les carrefours ; les éventails bruissaient comme une envolée de hannetons; un Lindor, appuyé contre une fenêtre grillée, causait avec une jeune fille, qui l'écoutait en mordillant un œillet. Ce matin, je viens de coudoyer Basile, glissant le long des murs de la cathédrale. C'est bien là l'Espagne du chef-d'œuvre français et du chef-d'œuvre italien.

Rien n'y est changé, et cependant je sens qu'on doit se hâter de voir Séville, car il y a dans l'air un souffle de transformation. Ce souffle vient de Paris, cela va sans dire. Il a déjà apporté le pantalon et il menace d'emporter le manteau. Les enfants sont habillés à la mode des nôtres, et il est présumable qu'en grandissant ils ne retourneront pas au costume de leurs pères. Hâtez-vous donc, touristes et poëtes, de voir Séville ! Hâtez-vous, avant que le chemin de fer des fils de Guilhou n'y organise des trains de plaisir et de vulgarisation ; avant que les courses de taureaux ne soient supprimées, — ce qui ne tardera pas. Hâtez-vous, pendant que c'est encore le triomphe de la fleur et du sang !

Ce qui, heureusement, promet de ne point disparaître sitôt, c'est l'Alcazar, si délicatement restauré et si soigneusement entretenu qu'il semble abandonné de la veille seulement par ses hôtes légendaires, ses princesses voilées, ses califes rêveurs. Pourtant la restauration n'est pas complète; j'y voudrais des étoffes et des meubles. « — Pourquoi pas les journaux du temps? » allez-vous me dire, mon cher Villemessant. Je voudrais encore que le marbre et la porcelaine fussent moins souvent imités par la peinture. Mais là, probablement, mon désir se heurte contre de respectables questions d'argent. — Lors de ma visite à l'Alcazar, un photographe y était installé, la tête couverte d'un voile noir, et braquant son objectif de tous les côtés. Je ne fais pas de réflexion.

Quant aux jardins de l'Alcazar, malgré ma bonne volonté (nul n'est plus candide que moi — en voyage), je ne saurais retrouver la magnificence qui a inspiré aux auteurs de *la Favorite* ce morceau de poésie si populaire :

> Jardins de l'Alcazar, délices des rois maures,
> Que j'aime à promener sous vos vieux sycomores
> Les rêves amoureux dont s'enivre mon cœur!

Les jardins de l'Alcazar, considérablement diminués sans doute, me sont apparus comme d'honnêtes petits potagers sans prétention. Et voilà comment on écrit... la musique!

Je ne sais pas si Jean Rousseau aime les

Murillo; mais, s'il les aime, il n'a qu'à venir à Séville : il pourra s'en donner une indigestion. L'École des Beaux-Arts ne connaît pas d'autre peintre; ses tableaux occupent une modeste salle de rez-de-chaussée, sans ornement, — je ne m'en plains pas, — mais sans confortable, et je m'en plains. Un tableau de M. Galimard est mieux logé à Paris. Là, se trouvent la Vierge *peinte sur une serviette*, et un saint Thomas qui m'a particulièrement arrêté, — ce qui ne prouve pas grand'chose, je m'empresse de le dire, car mon opinion ne saurait être comptée en peinture. Je sens, et je me garde bien de juger.

Comme tous les bacheliers des romans de Le Sage, j'avais une lettre de recommandation auprès d'un chanoine de Séville, sur qui je comptais beaucoup pour explorer la cathédrale dans une infinité de ses détails inaperçus ou même inconnus du public, — car il est telle sacristie plus riche que l'église qui la contient. Mais ce digne personnage étant dangereusement malade, mon exploration a été sommaire.

Extérieurement, la cathédrale de Séville, où tous les styles se heurtent, n'a rien de saisissant; intérieurement, c'est autre chose. La grandeur et la richesse y donnent une note suprême, même après Cologne et Milan. Il y a de quoi s'extasier pendant huit jours. Seule, la tour de la Giralda m'a tenu béant d'admiration toute une matinée ; encore y suis-je revenu le soir, par le clair de lune.

On engage tous les voyageurs à visiter, — après la promenade de *las Delicias*, sur la lisière de laquelle est la demeure du prince de Montpensier, — on les engage, dis-je, à visiter la Fabrique de tabacs, qui est d'ailleurs un fort médiocre édifice. Je ne suis dégoûté de rien, pas même de l'industrie, et je me suis laissé conduire tranquillement dans un dédale de salles hautes et basses, à travers un grouillement indescriptible de trois ou quatre mille femmes, fort succinctement vêtues, à cause de la chaleur, et d'une attitude aussi éloignée que possible de la modestie. Sans interrompre leur travail, sans bouger de leurs chaises et de leurs tables, — les unes coupant les feuilles du tabac, les autres les roulant, — elles m'envoyaient leurs saluts ironiques, leurs rires turbulents et leurs quolibets, auxquels mon ignorance de la langue m'empêchait d'être trop sensible. Le type espagnol se montre là dans toutes ses variétés et dans son cadre le plus gai ; type éclatant, vivace, spirituel, capable, non pas d'éclipser les Parisiennes, mais de les faire oublier pendant un instant, — l'instant du désir.

Pour ce qui est des hommes, mon cher Villemessant, ils vous ressemblent presque tous. Ils ont le regard droit, le menton orgueilleux, la poitrine bombée. Je vous savais bien, par la verve et l'activité, l'incarnation la plus complète de Figaro, mais j'ignorais que l'assimilation fût poussée jusqu'au physique. Enveloppez-vous d'un manteau et venez vous promener sur les bords du Guadalquivir, — tout le monde vous reconnaîtra.

Ils ont aussi, pour achever la ressemblance, votre intraitable sobriété; mais ils n'ont pas grand mérite à cela. Ah ! misère et corde ! comme dit Thomas Vireloque, l'épouvantable nourriture que celle de Séville ! les bizarres combinaisons ! Cela doit venir des Bohémiens en ligne directe. Le mets national, par exemple, dont je n'ai pas retenu, ou plutôt dont je n'ai pas voulu retenir le nom, s'apprête d'après la recette que voici : « De l'eau, de l'huile, de vieilles croûtes de pain, de la tomate, des morceaux de melon, de l'ail, du jambon, de l'ognon : le tout exposé à l'air pendant trois nuits. »

Ma répulsion ne s'étend pas cependant jusqu'aux vins; ce serait afficher une noire ingratitude, après l'accueil si touchant que j'ai reçu ces jours derniers, à Malaga, dans les caves les plus célèbres. J'ai toujours eu un tendre pour les vins d'Espagne. Est-ce parce que la littérature romantique les a célébrés à lyre que veux-tu? Peut-être bien. — Je me souviens, à ce sujet, qu'il y a douze ans environ, Henry Mürger et moi, la tête pleine des poëmes amoureux et insolents d'Alfred de Musset, nous achetâmes un soir, chez un épicier, une bouteille de xérès, que nous allâmes boire triomphalement tous deux dans une chambre d'hôtel garni, rue Mazarine. M. P.-J. Proudhon, à cette époque, occupait, dans le même hôtel, « tenu par Hautemule, » une chambre au-dessus de celle de Mürger. Ce fut d'une façon toute tapageuse que nous décoiffâmes notre flacon. Mürger m'appelait don Paëz et je l'appelais don Etur.

Les réminiscences cavalières nous arrivaient en foule; nous portâmes la santé de Juana d'Orvedo en invoquant tous les saints de la Castille. Peu s'en fallut qu'à propos de cette dame nous n'en vinssions aux mains; il cherchait un poignard, et moi je voulais renverser la bougie d'un coup de poing. — Sur notre tête, on entendait les pas réguliers de M. Proudhon, comme une moralité vivante. — Nous fîmes mutuellement de vains efforts pour rouler sous la table. Le xérès, qui avait coûté deux francs cinquante centimes, était atroce. Nous en fûmes très-incommodés.

Hélas! l'heure du vrai xérès, — du xérès de la Fonterra, — devait sonner pour moi seul! et aussi l'heure du valdepenas, de l'amontillado, de l'abocado! Vins éclatants, vins de pourpre et d'or, philtres oubliés par les enchanteurs d'Orient, j'ai demandé à vos aromes quelques-uns de ces châteaux dont l'Espagne a le monopole! Mais, ô douloureux symptômes, voici que je deviens insensiblement rétif au rêve et à l'illusion; voici que je ne sais plus, comme autrefois, m'attarder dans une songerie lumineuse; voici que j'ai perdu peu à peu l'art de galoper des nuits entières sur le balai de l'imagination. J'ai l'espérance courte, c'est triste à avouer, — courte comme l'heure présente. Si j'essaye encore, de temps en temps, de construire des châteaux en Espagne, ce ne sont plus des palais sur des cimes; c'est quelque chétive maisonnette, jolie sans doute, mais d'une simplicité impardonnable. Chaque année emporte un peu de ma poésie. C'est la peau de chagrin qui se rétrécit à vue d'œil dans la main du Raphaël de Balzac. Il ne m'en reste plus qu'un morceau large comme la paume; c'est assez pour aujourd'hui; c'est assez pour tendre mon verre au vin de Valdepenas, et boire à la santé de Figaro dans sa propre ville.

Recevez toutes mes cordialités, mon cher Villemessant, et croyez-moi bien à vous.

XXIII

LES COMPAGNONS DE VOYAGE

J'ai voulu, à la fin de ce travail, noter quelques travers des personnes auxquelles le hasard ou ma volonté ont associé ma vie pendant des jours, des semaines ou des mois. Le voyage est une pierre de touche d'une efficacité singulière ; il développe, dans toute leur sincérité surprise, les caractères et les manies.

S'il y avait une conclusion quelconque à tirer de ces lignes, tournées seulement dans le sens enjoué (le côté dramatique est réservé pour une autre fois); ce serait celle-ci :

« Le véritable voyageur doit se passer de compagnons de voyage. »

I

PREMIÈRE VARIÉTÉ

Le Paresseux.

Un garçon d'hôtel. — Monsieur, il est huit heures.

Moi. — Merci. Avez-vous été frapper chez mon ami, à côté?

Le garçon. — Oui, monsieur, mais ce monsieur ne m'a pas répondu.

Moi. — Il fallait entrer.

Le garçon. — Ce monsieur s'était enfermé.

Moi. — C'est bon ; je me charge de le faire lever. (*Allant à une porte.*) Pan ! pan ! Ouvre, c'est moi ; ouvre donc ! Je t'avertis que j'enfonce la porte.

Le paresseux, *ouvrant, en chemise.* — Qu'est-ce qu'il y a? le feu à l'*albergo*?

Moi. — Il y a qu'il est huit heures, et que nous avons à peine le temps de tout visiter.

Le paresseux, *se replongeant vivement dans*

son lit. — Huit heures ! jamais de la vie ! impossible ! tu veux dire six heures.

Moi. — Regarde ! (*Tirant les rideaux de la fenêtre.*) Un soleil magnifique.

Le paresseux, *ramenant la couverture sur son nez.* — Veux tu finir ? Tu m'aveugles ! Tu m'enfonces un fer rouge dans les yeux ! Cache ça ! Dérobe-moi ce disque !

Moi. — Tu vas te lever, j'espère ?

Le paresseux. — Je suis malade.

Moi. — Je la connais.

Le paresseux. — Parole d'honneur ! j'ai passé une nuit atroce ; ces lits d'hôtellerie sont ignobles. Ton malheureux ami est entièrement tatoué par les punaises.

Moi. — Raison de plus pour te lever.

Le paresseux. — J'ai lu très-tard.

Moi. — Quoi ? qu'as-tu lu ? Il n'y a pas de livre ici.

Le paresseux. — Laisse-moi dormir encore pendant deux heures, je t'en prie.

Moi. — Voilà ton pantalon.

Le paresseux. — Il n'est pas brossé. (*Suppliant.*) Une heure au moins, rien qu'une heure !

Moi. — Ah çà ! es-tu venu en Italie pour dormir ? Voyons, un peu d'énergie. Le grand air te remettra.

Le paresseux. — Le grand air est mon ennemi.

Moi. — Mais, malheureux, tu ne tiens donc pas à voir le Dôme !

Le paresseux. — Oh ! le Dôme est bien surfait... Et puis, j'achèterai le livre de Théophile Gautier.

Moi. — Lâche ! Énervé ! Couard !

Le paresseux. — Écoute : va tout seul voir le Dôme, et reviens me prendre pour déjeuner. Je te promets d'être debout, je te le jure !

Moi. — Non, tu me sauras gré plus tard de t'avoir arraché à ce sommeil honteux. (*Une lutte s'engage.*)

II

DEUXIÈME VARIÉTÉ

Le Musard.

Le musard. — T, a, ta... b, a, c, bac... tabac.

Moi. — Si tu vas t'amuser à lire toutes les enseignes !

Le musard. — Il faut bien faire quelque chose en voyage...

Moi. — Allons, viens donc. Qu'est-ce que tu regardes, à présent?

Le musard. — Ce petit mendiant. Il est bien campé, il a du style. Tiens, il joue avec une petite bête. Qu'est-ce que cela peut bien être que cette petite bête?

Moi. — Parbleu! c'est un hanneton.

Le musard. — Il y a donc des hannetons partout? Si j'en achetais?

Moi. — Oh!

Le musard. — J'aime à rapporter quelque souvenir des contrées que j'ai explorées. Si jamais, par exemple, je visite l'Afrique, je veux en rapporter un lion.

Moi. — Un lion, à la bonne heure; cela se conçoit. Mais un hanneton!

Le musard. — Et puis, un arc et des flèches.

Moi. — Allons, viens, viens.

Le musard. — Pour mettre dans mon cabinet, au-dessus de ma bibliothèque. Vois-tu d'ici l'effet?

Moi. — Oui, oui.

Le musard. — Mais le vois-tu parfaitement?

Moi. — Oh!

Le musard. — Ne t'impatiente pas, mon Dieu ! On ne peut pas te parler aujourd'hui ; tu es comme un crin.

Moi. — C'est qu'aussi tu t'arrêtes à des riens.

Le musard. — Les riens sont le charme de la route. Demande à Sterne. Je parie que tu n'as pas lu Sterne.

Moi. — Tu me fais hausser les épaules.

Le musard. — Alors tu ne l'as pas compris ou tu n'as pas voulu le comprendre. Laisse-moi te faire une comparaison.

Moi. — Tu peux faire ta comparaison en continuant de marcher, je suppose.

Le musard. — Cela dépend.

Moi. — Tiens ! contemple plutôt cette échappée du fleuve à travers le vieux quartier. Voilà qui vaut la peine de s'arrêter.

Le musard. — Es-tu sûr que ce soit un fleuve ?

Moi. — Un fleuve ou une rivière...

Le musard. — C'est que c'est bien différent.

Moi. — Montes-tu avec moi dans la Tour ?

Le musard — C'est ça, la Tour ?

Moi. — Tu le vois bien.

Le musard. — Est-ce curieux ?

Moi — Tous les *Guides* en parlent.

Le musard. — Mais... très-curieux ?

Moi. — Oh !

Le musard. — Là, là... Je crois me souvenir effectivement que de grands événements historiques s'y sont accomplis. Écoute : va devant.

Moi. — Eh bien ! et toi ?

Le musard. — Je te suis. Il faut que j'entre dans ce magasin.

Moi. — Pourquoi faire ?

Le musard. — Un achat indispensable. J'ai besoin de renouveler ma provision de pains à cacheter.

III

TROISIÈME VARIÉTÉ

Le Voltairien.

Le voltairien. — Hum ! vous ne m'aviez pas prévenu qu'il y avait tant de prêtres dans ce pays là.

Moi. — Qu'est-ce que cela vous fait ?

Le voltairien. — Vous savez que je ne peux pas sentir ces oiseaux. C'est plus fort que moi. — Allons, bon ! un capucin qui vient à droite. Prenons vite à gauche.

Moi. — Mais cela nous dérange de notre itinéraire.

Le voltairien. — Oh! un simple crochet.

Moi. — Voilà cinq ou six crochets que vous nous faites faire. Je ne reconnais plus mon chemin.

Le voltairien. — Pourquoi diable aussi pleut-il des calotins? Cela m'enrage de voir ces fainéants en robe noire! Est-ce que tous ces bras ne seraient pas mieux employés à cultiver la terre, je vous le demande?

Moi. — On a écrit sur ce sujet.

Le voltairien. — Vous ne savez que railler, vous. Vous êtes bien heureux. (*Tressaillant.*) Un autre maintenant! Là-bas, en face de nous. Qu'est-ce que c'est que celui-là? un carme ou un cordelier?

Moi. — Un dominicain.

Le voltairien. — Comme il ferait un beau carabinier! Retournons sur nos pas.

Moi. — Ah non! cette fois; non! non!

Le voltairien. — Alors je vais l'exorciser avec quatre vers de *la Pucelle*.

Moi. — Voyons, Chagornac, ne nous compromettez pas.

Le voltairien. — Au moins, avez-vous un

morceau de fer sur vous, une clef, n'importe quoi? Fouillez dans vos poches, fouillez promptement; le voilà qui approche.

Moi. — Je n'ai que ma lime à ongles.

Le voltairien. — Donnez. Il ne faut jamais manquer de toucher un morceau de fer lorsqu'un curé passe auprès de vous ; cela éloigne le mauvais sort.

Moi. — Ah! enfin, voici la cathédrale!

Le voltairien, *bondissant*. — Est-ce que vous allez entrer là-dedans?

Moi. — Puisque nous avons fait le voyage tout exprès... Et vous?

Le voltairien. — Moi! mettre le pied dans le temple de la superstition et du fanatisme! Jamais!

Moi. — On ne vous force pas à vous confesser; vous regarderez les vitraux.

Le voltairien. — Jamais! Je vous attendrai dehors, en fumant un cigare.

IV

QUATRIÈME VARIÉTÉ

L'Amoureux.

L'AMOUREUX. — Avez-vous vu? avez vous vu?

MOI. — Quoi?

L'AMOUREUX. — Comme elle a retourné la tête.

MOI. — C'est tout naturel, puisque nous sommes des étrangers.

L'AMOUREUX. — Quels cheveux! quelle taille! Il faut que je la revoie. Marchez toujours; je suis leste; je vous rattraperai. (*Il s'échappe.*)

MOI. — Eh bien! il se sauve encore? Comme c'est agréable! Nous avons passé hier toute notre soirée à sa recherche.

L'AMOUREUX, *revenant*. — Ah! mes amis! divine! incomparable! Qu'on a raison de dire que les Andalouses sont les plus jolies femmes de l'Espagne! Elle est entrée dans une maison de la rue Asdrubal, mais auparavant elle m'a lancé un regard... Ah! je reviendrai par ici!

Moi. — Quand? Nous repartons demain.

L'amoureux. — Eh bien! l'été prochain, ou l'autre; mais je reviendrai certainement.

Moi. — En attendant, hâtons le pas; l'heure nous talonne.

L'amoureux. — Oui, marchons, je le veux bien.

Moi. — A qui envoies tu comme cela des baisers?

L'amoureux. — A cette petite marchande d'œillets. Elle est délicieuse, n'est-ce pas? Tiens, elle rit. Bonjour, mademoiselle! Laisse-moi lui parler.

Moi. — Tu ne sais pas l'espagnol.

L'amoureux. — Voilà ce qui te trompe. Dans tous les pays où je vais, ma première affaire est d'apprendre les quelques mots qui constituent une déclaration à une femme.

Moi. — Rien que cela?

L'amoureux. — C'est le fond de la langue, comme dirait Beaumarchais.

Moi. — Dépêchons-nous, linguiste; prends notre bras.

L'amoureux. — Vous êtes, Paul et toi, deux

vrais glaçons. A quoi vous sert de voyager, si vous ne faites pas attention aux femmes ?

Moi. — Nous y faisons attention, mais nous ne regardons pas qu'elles.

L'amoureux. — C'est pourtant ce qu'il y a de plus intéressant au monde. Moi, je l'avoue, je voyage avec mon cœur.

Moi. — Ton cœur ! ton cœur !

L'amoureux. — Plaisantez tant que vous voudrez, je... Ah ! (*Il tombe en arrêt.*)

Moi. — Qu'as-tu à nous serrer si fort le coude ?

L'amoureux. — Là, à cette fenêtre... quelle ravissante jeune fille ! Une tête de vierge !

Moi. — Une tête, oui.

L'amoureux. — Je vous jure qu'elle m'a fait signe ; je l'ai bien vu. Mes amis, je ne vous demande que dix minutes, pas davantage. Le temps de monter chez elle, de me jeter à ses genoux et de redescendre.

Moi. — Tu es fou ! nous ne te lâchons pas !

L'amoureux. — Mes amis ! mes amis ! (*Il parvient à se dégager.*) Je vous rejoins à l'hôtel...

Moi. — C'est joli !

V

CINQUIÈME VARIÉTÉ

Le Positif.

Le positif, *consultant sa montre.* — Assez admiré comme cela ! Partons.

Moi. — Oh ! encore ! encore un instant !

Le positif. — Il est trois heures et demie ; vérifiez plutôt.

Moi. — Nous n'avons vu ni la salle des bronzes, ni la galerie des gravures.

Le positif. — Je ne soutiens pas le contraire ; mais notre programme ne porte que deux heures à consacrer à l'examen de ce muséum. Les deux heures sont expirées.

Moi. — Hé ! nous ne voyageons pas seulement pour exécuter ton programme.

Le positif. — Tant pis ! car il a été sagement élaboré et prudemment combiné.

Moi. — Qu'est-ce que la sagesse a à faire ici ?

Examine ce Titien, cette chair, cette vie, cette lumière !

Le positif. — J'ai apprécié tout cela d'un coup d'œil. Je n'ai pas besoin de recourir à vos pâmoisons. Sous une froideur apparente, je cache un jugement artistique plus complet que le vôtre.

Moi. — Voilà du nouveau.

Le positif. — Exemple : Un seul de vous, dans son enthousiasme pour ce tableau de Rubens...

Moi. — Du Titien.

Le positif. — ..... A-t-il remarqué combien le côté gauche du cadre est dégradé ?

Moi. — Ma foi ! non.

Le positif. — Cela saute aux yeux, pourtant. Je vous accorde vingt minutes de supplément, mais pas une seconde avec, ou tout est perdu.

Moi. — Le splendide Palma !

Le positif. — Vous ne voudriez pas manquer le chemin de fer. Le dernier départ a lieu à six heures quinze ; je m'en suis exactement informé.

Moi. — Et ce Carrache... est-il assez étoffé, assez pompeux !

Le positif. — Pourtant il est nécessaire de se

trouver à la gare un quart d'heure auparavant; vous le comprenez aisément.

Moi. — Tyran! bourreau!

Le positif. — Combien d'argent avez-vous l'intention de donner au gardien?

Moi. — Ce que tu jugeras convenable; fais à ta guise.

Le positif. — A ce propos, vous savez qu'il faut arrêter nos comptes d'hier?

Moi. — Plus tard.

Le positif. — Chacun de vous, messieurs, me doit, pour sa part, trente-sept francs juste.

Moi. — Grâce!

Le positif. — Sauf erreur ou omission.

Moi. — Te tairas-tu, tortionnaire!

Le positif. — Et voilà comme on me remercie! Dévouez-vous donc pour vos compagnons de voyage!

FIN

TABLE

	Pages
MONTMARTRE.	1
PARIS. — I. L'aurore	21
II. La vieille marchande.	24
III. Ceux qui ne veulent pas rentrer chez eux.	28
NANTES.	33
LE CROISIC.	39
SAINT-MALO.	59
DE DINAN A SAINT-THÉGONNEC.	67
LANDERNEAU.	79
QUIMPER-CORENTIN.	87
LYON. — I. Jérôme Coton.	97
II. Guignol.	110
AMIENS.	127
BORDEAUX. — I. Entrée en matière.	133
II. Séjour de Molière à Bordeaux. — La Grange-Chancel.—Les salles de spectacle avant Louis.	145
III. Inauguration du Grand-Théâtre. — Beaumarchais. — Les cinq genres. — Le grand Opéra. — Une émeute. — Période révolutionnaire.— Lays. — La pauvre femme. — Madame Catalani.— Madame Branchu. L'Opéra-Comique.	149

Pages.

BORDEAUX. — IV. La comédie et la tragédie. — Lecouvreur. — L'emploi des Turcs. — Richaud-Martelly, Perroud. — Romainville sur la table de dissection. — L'habit de Desforges. — Les mémoires de Lafon. — Ligier. 158

V. La danse. — Dauberval et sa femme Théodore. — Leurs portraits dans les Landes. — Hus jeune. — Blache père. — Potier, danseur comique. 164

VI. Le Théâtre-Français. — Le Théâtre-Molière. — Le théâtre Mayeur. — Le théâtre de la Gaîté. . . 171

VII. Anecdotes contemporaines. — Les célébrités parisiennes à Bordeaux. — Frédérick Lemaître. — — Mademoiselle Georges. — Héléna Gaussin. 180

VIII. Auteurs bordelais. — De Piis. — De Puységur. — De Martignac. Dupaty. — Sewrin. — Romain Dupérier de Larsan. 183

TOULOUSE. — I. La rue Gourmande. 195

II. Le café du Cours. 198

III. Méditations dans une chambre d'hôtel. 201

STRASBOURG. 205
BADEN-BADEN. 213
MARSEILLE. 219
CARPENTRAS. 229
ITALIE. 235
DE NICE A GÊNES. 305

TABLE

	Pages.
ANVERS.	317
LONDRES.	353
LISBONNE.	365
SÉVILLE.	373
LES COMPAGNONS DE VOYAGE.	383
I. *Première variété.* — Le Paresseux.	384
II. *Deuxième variété.* — Le Musard.	385
III. *Troisième variété.* — Le Voltairien.	389
IV. *Quatrième variété.* — L'Amoureux.	392
V. *Cinquième variété.* — Le Positif.	393

FIN DE LA TABLE

Imprimerie Eugène HEUTTE et Cᵉ, à Saint-Germain.

www.ingramcontent.com/pod-product-compliance
Lightning Source LLC
Chambersburg PA
CBHW052032230426
43671CB00011B/1618